OS EFEITOS DOS BENEFÍCIOS PREVIDENCIÁRIOS NO CONTRATO DE TRABALHO

Heloisa Cremonezi

Bacharel em Direito pela Faculdade Integradas Antônio Eufrásio de Toledo. Advogada militante na área previdenciária. Pós-Graduada em Direito Lato Sensu pela Universidade Estadual de Londrina. Especialista em Direito do Estado, com área de concentração em Direito tributário pela Universidade Estadual de Londrina. Pós-Graduada em Direito Previdenciário pela Escola Paulista de Direito. Pós-Graduada em Direito do Trabalho e Processo do Trabalho, pelas Faculdades Integradas Antônio Eufrásio de Toledo.

OS EFEITOS DOS BENEFÍCIOS PREVIDENCIÁRIOS NO CONTRATO DE TRABALHO

LTr

LTr EDITORA LTDA.

© Todos os direitos reservados

Rua Jaguaribe, 571
CEP 01224-003
São Paulo, SP — Brasil
Fone (11) 2167-1151
www.ltr.com.br
Março, 2017

Versão impressa — LTr 5627.1 — ISBN 978-85-361-9137-9
Versão digital   — LTr 9085.1 — ISBN 978-85-361-9127-0

Dados Internacionais de Catalogação na Publicação (CIP)
(Câmara Brasileira do Livro, SP, Brasil)

Cremonezi, Heloisa

Os efeitos dos benefícios previdenciários no contrato de trabalho / Heloisa Cremonezi. – São Paulo : LTr, 2017.

Bibliografia

1. Benefícios (Direito previdenciário) – Brasil 2. Contrato de trabalho – Brasil I. Título.

17-00824   CDU-34:331.368.415.6(81)

Índice para catálogo sistemático:

1. Brasil : Contratos de trabalho e benefícios previdenciários : Efeitos jurídicos : Direito 34:331.368.415.6(81)

Ao grande orientador e mestre, Dr. Fernando Batistuzo Gurgel Martins, que com seu comprometimento e dedicação não mediu esforços para me guiar e orientar nos estudos do Direito Previdenciário e do Direito do Trabalho.

A todos os professores, mestres do saber e ensinar, que estiveram presentes em minha jornada acadêmica, servindo de base e alicerce e, em especial, aos professores Dr. Edson Freitas de Oliveira e Dr. Guilherme Prado Bohac de Haro, que como bancas examinadoras deram o apoio incondicional para que um simples trabalho de conclusão do curso de pós-graduação em Direito e Processo do Trabalho, hoje se tornasse a concretização de um sonho, a publicação deste livro.

Agradeço primeiramente à Deus pelo dom da vida.

Aos meus pais, João Altino e Rosa, razão da minha existência e, as minhas irmãs, Cláudia e Denise, pelo carinho e apoio ao longo desta trajetória.

Ao meu querido e amado sobrinho, Caio, por quem tenho um amor incondicional, pedaço de mim.

Ao Cláudio, peça fundamental na minha vida, parceiro e companheiro de longa jornada, por quem tenho grande apreço e consideração.

À minha equipe de trabalho, parceiros e amigos inseparáveis, a quem devo e tenho imensa gratidão por estarem sempre ao meu lado, incentivando e apoiando a longa e árdua caminhada acadêmica.

SUMÁRIO

1. INTRODUÇÃO 11

2. DA SEGURIDADE SOCIAL 17
2.1 Conceito 17
2.2 Espécies 20

3. PREVIDÊNCIA SOCIAL 23
3.1 Definição 23
3.2 Evolução Histórica 25
    3.2.1 Internacional 25
    3.2.2 Brasil 32

4. BENEFÍCIOS E INSTITUTOS AFINS 39

5. CONTRATO DE TRABALHO 52
5.1 Distinção entre Relação de Trabalho e Relação de Emprego 52
    5.1.1 Sujeitos 58
    5.1.2 Requisitos 65
    5.1.3 Natureza Jurídica 65
5.2 Classificação do Contrato de Trabalho 66
    5.2.1 Contrato de trabalho individual por prazo indeterminado 67
    5.2.2 Contrato de trabalho por prazo determinado 68
    5.2.3 Contrato de experiência 70
    5.2.4 Contrato temporário 71

6. A RELAÇÃO ENTRE DIREITO DO TRABALHO E DIREITO PREVIDENCIÁRIO 72
6.1 Unicidade do Direito 72
6.2 Autonomia e Similitude 75
    6.2.1 Conceito e espécie de autonomia do Direito do Trabalho e do Direito Previdenciário 76

7. EFEITOS DO RECEBIMENTO DOS BENEFÍCIOS PREVIDENCIÁRIOS NO CONTRATO DE TRABALHO 79
7.1 Suspensão e Interrupção do Contrato de Trabalho 79
7.2 Estabilidade 88
7.3 Extinção do Contrato de Trabalho 99
7.4 Reflexos no Aviso-Prévio 109
7.5 Reflexos no Contrato por Prazo Determinado 112
7.6 Reflexos após o Término do Contrato de Trabalho 113

8. BENEFÍCIOS PREVIDENCIÁRIOS EM ESPÉCIE E SEUS REFLEXOS 115
8.1 Aposentadoria por Invalidez 115
8.2 Auxílio-doença e Acidentário 128
8.3 Auxílio-acidente 136
8.4 Aposentadorias por Tempo de Contribuição, Idade e Especial 138
    8.4.1 Aposentadoria por tempo de contribuição 138
    8.4.2 Aposentadoria por idade 140
    8.4.3 Aposentadoria especial 141
    8.4.4 Reflexos na aposentadoria espontânea 145
8.5 Salário-família 155
8.6 Salário-maternidade 158
8.7 Pensão por morte 163
8.8 Auxílio-reclusão 167

9. CONCLUSÃO 171

REFERÊNCIAS BIBLIOGRÁFICAS 173

Capítulo 1

INTRODUÇÃO

O presente estudo tem por objetivo abordar questões relevantes sobre os efeitos do recebimento de benefícios previdenciários no contrato de trabalho.

O primeiro capítulo abordou o conceito de seguridade social enfatizando que esta é gênero do qual são espécies: a previdência social, a assistência social e a saúde.

Destacou que o direito à seguridade social surgiu após crescente evolução histórica, a partir da necessidade de proteger os indivíduos diante das contingências sociais e que o sistema de proteção social, desde a assistência social, garantida como estado de benevolência e caridade do cidadão até a garantia a um direito subjetivo resguardado pelo Estado e pela sociedade aos seus membros, culminou no ideal de seguridade social.

Enfatizou, também, que o sistema de seguridade social constitui uma garantia constitucional, cuja finalidade é promover o bem-estar do indivíduo, mediante supressão das necessidades básicas e que a seguridade social é um direito social alicerçado no princípio da universalidade, o qual garante que todos, de alguma maneira, tenham direito à proteção social independentemente de sua condição socioeconômica.

Concluiu ressaltando que a Constituição Federal de 1988 assegurou o maior sistema protetivo, garantindo a todos os necessitados e contribuintes proteção ampla e irrestrita diante da ocorrência do infortúnio, com fulcro no princípio da solidariedade.

No segundo capítulo, foi dado destaque ao conceito de "previdência social" e à sua evolução histórica, tanto no âmbito internacional quanto no Brasil, relatando os primeiros ordenamentos jurídicos que trataram da matéria e a importância dela nos dias atuais.

Enfatizou-se que a previdência social é um meio de proteção que visa garantir e resguardar meios de manutenção dos segurados e seus familiares diante dos chamados infortúnios decorrentes de doença, invalidez, morte, idade avançada, maternidade, desemprego involuntário e prisão, consoante previsão contida no artigo 201 da Constituição Federal de 1988:

> Artigo 201. A previdência social será organizada sob a forma de regime geral, de caráter contributivo e de filiação obrigatória, observados critérios que preservem o equilíbrio financeiro e atuarial, e atenderá, nos termos da lei (...).

Destacou-se como características da previdência social: organização vinculada ao regime geral, natureza contributiva, filiação obrigatória e equilíbrio financeiro e atuarial.

Em um contexto histórico da previdência social, procurou-se definir que esta se originou dentro do sistema feudal, por meio dos agrupamentos de indivíduos, os quais, migrando das terras dos nobres, se estabeleciam nas "urbes", formando, assim, por meio de uma identidade de trabalho, as chamadas "corporações de ofícios", cuja finalidade seria firmar contratos de locação de serviços nos quais os trabalhadores se vinculavam aos mestres das corporações mediante relação de subordinação. Do mesmo modo, foi a partir da Revolução Industrial que surgiram as primeiras relações de trabalho notoriamente por visualizar-se as diferentes relações de trabalho, nas quais, de um lado, estão os detentores dos meios de produção e, de outro, aqueles que se ocupavam e viviam da sua força de trabalho. O fenômeno da Revolução Francesa trouxe um cenário precário, porém marcante, pelos ideais da proteção social, haja vista que trouxe em seu bojo os primeiros "ideais libertatórios", proclamando, assim, a liberdade justa e igualitária entre os homens.

Nesse capítulo, ainda, restou consignado que a ausência de proteção estatal fez com que eclodissem inúmeros manifestos por parte dos trabalhadores em busca de melhores condições de trabalho e de subsistência por meio de movimentos como greves e revoltas, as quais foram violentamente reprimidas pelo Poder Constituinte, eclodindo os primeiros passos da intervenção estatal, a fim de regulamentar as condições de trabalho e garantir proteção individual ao trabalhador diante das adversidades e infortúnios oriundos da relação de trabalho.

Embora a ideia de proteção social tenha surgido em tempos remotos, a necessidade de assegurar as diferentes relações de trabalho e garantir proteção aos trabalhadores diante dos infortúnios, levou a união de pessoas que tinham por finalidade contribuir para um fundo de assistência mútua, objetivando proteger o trabalhador diante de uma possível ausência de capacidade laborativa e, assim, garantir a preservação de sua subsistência.

Por derradeiro, finaliza esclarecendo que o grande marco na evolução da proteção social - a criação da Declaração dos Direitos do Homem e do Cidadão, em 1789 - trouxe em seu bojo o princípio da seguridade social como direito subjetivo garantido e assegurado a todos. No Brasil, os primeiros rumores sobre "proteção social" decorreram da Lei Eloy Chaves, a qual trouxe o marco inicial da previdência social no Brasil, instituindo alguns dos seus princípios basilares, quais sejam: o caráter contributivo e o limite etário vinculado a um determinado tempo de serviço; a compulsoriedade, já que os trabalhadores e empregadores eram compelidos a aderir ao sistema, cabendo ao Estado a regulamentação e supervisão, bem como a definição do rol das prestações passíveis de proteção social.

Como legislação ordinária, destacou os dizeres da Lei Orgânica da Previdência Social – LOPS, Lei n. 3.807 criada pelo Ministério do Trabalho e Previdência Social, a qual trouxe normas uniformes para a proteção dos segurados e dependentes dos vários institutos existentes, estabelecendo, em situação de igualdade, um plano único de benefícios, cujo objetivo foi extirpar as desigualdades nos tratamentos dirigidos aos trabalhadores e seus dependentes. Foi por meio desta legislação que deixou de existir o agrupamento protetivo, conforme a classe de operários, haja vista que todos estavam vinculados a um único sistema protetor. Constitucionalmente, a Constituição Federal de 1988 estabeleceu o sistema de seguridade social, propriamente dito, determinando que todos os recursos arrecadados fossem investidos na previdência, assistência e saúde, para salvaguardar a proteção de direitos sociais fundamentais, mediante ações conjuntas dos Poderes Público e Privado.

Já no terceiro capítulo foram analisadas as prestações previdenciárias revertidas em favor dos segurados como "benefícios previdenciários", ressaltando a necessidade do preenchimento de requisitos legais para garantia ao benefício, abordando os conceitos de carência, qualidade de segurado, período de graça e outros institutos afins inerentes à matéria.

Salientou-se que, em decorrência da natureza contributiva da previdência social, ficam assegurados aos seus contribuintes e dependentes os direitos aos benefícios previdenciários, desde que cumpridos os requisitos exigidos por lei.

Todavia, em razão da necessidade de normatização de um plano de previdência social, coube ao legislador ordinário criar aquilo que já se encontrava citado no texto constitucional como eventos passíveis de proteção social, sendo editada a Lei n. 8.213, de 24 de julho de 1991, que regulamenta o plano de benefícios passíveis de proteção pelo regime geral de previdência social, composta por normas de direito público que definem direitos e obrigações aos beneficiários do regime, cujo gestor é o Estado.

Quanto aos benefícios previstos no ordenamento jurídico, foi dada ênfase a aposentadorias por tempo de contribuição, idade, invalidez e especial, ao auxílio-doença previdenciário e acidentário, salário-família, salário-maternidade, à pensão por morte e ao auxílio-reclusão e, como benefícios passíveis de recebimento pelos dependentes, à pensão por morte e ao auxílio-reclusão. Já atinentes aos serviços postos à disposição dos segurados ou dependentes, citou-se o serviço social e a reabilitação profissional.

O quarto capítulo, por sua vez, tratou da distinção entre relação de emprego e relação de trabalho, definindo seus sujeitos, requisitos e a sua natureza jurídica, bem como destacou as diversas modalidades de contrato de trabalho e sua relevância, tanto na esfera trabalhista quanto na previdenciária.

Nesse capítulo, enfatizou-se que relação de trabalho não é o mesmo que relação de emprego, pois aquela é gênero do qual relação de emprego é espécie, haja vista que os requisitos para relação de emprego são específicos.

Sobre as espécies de relações de trabalho, abordou-se aquelas relativas a trabalho autônomo, eventual, temporário, avulso e portuário, voluntário, o estagiário, as cooperativas de mão de obra e a terceirização de serviços.

Como sujeitos da relação de emprego, deu-se destaque ao empregado e ao empregador, abordando o conceito de empregado, previsto no artigo 3º da CLT: considerou-se "empregado toda pessoa física que prestar serviços de natureza não eventual a empregador, sob a dependência deste e mediante salário".

Esclareceu, ainda, que, a partir da definição do texto legal, pode-se extrair as características para se definir o empregado: pessoa física, pessoalidade, não eventualidade, onerosidade e subordinação; constituindo requisitos da relação de emprego: prestação de serviço por pessoa física, pessoalidade, continuidade, subordinação e onerosidade.

O quinto capítulo destacou os diversos ramos do Direito, enfatizando que, embora autônomos, apresentam-se interligados pela unicidade do Direito como ciência, criada para revolver os diversos conflitos sociais.

Tanto o Direito do Trabalho quanto o Direito Previdenciário visam à proteção do trabalhador, razão pela qual, embora autônomos, se assemelham na forma protetiva.

Em continuidade aos estudos, enfatizou-se que, configurada a relação de emprego, estar-se-á diante da figura do empregado, o qual estará obrigatoriamente vinculado ao regime geral de previdência social, cujo sistema é mantido pelo Poder Público e voltado para os trabalhadores da iniciativa privada, mediante filiação compulsória, sendo oferecidos aos contribuintes do sistema os benefícios previdenciários como forma de proteção diante das mais diversas contingências.

A unicidade do Direito consiste em dizer que ele não se realiza de forma fragmentada, haja vista representar um conjunto de normas tendentes a proteger a sociedade, estabelecendo parâmetros a ser seguidos, consistente na vontade abstrata do legislador, irradiando seus efeitos sobre todo o ordenamento jurídico.

Porém, o fato de o Direito ser dividido em ramos não descaracteriza sua unicidade, pois seu objetivo é regular as diferentes relações sociais por meio de normas criadas pelo Poder Estatal. Além disso, o Direito Previdenciário é classificado como Direito Público, pois representa um Direito Social já que privilegia o interesse social, enquanto o Direito do Trabalho, por sua vez, possui uma natureza mista, haja vista possuir regras tanto do Direito Público quanto do Privado.

Assim, sendo função social do Direito Previdenciário a proteção do trabalhador diante dos infortúnios, importante a discussão dos efeitos do recebimento dos benefícios previdenciários no contrato de trabalho e a responsabilidade do empregador e empregado diante de tal circunstância, ponto crucial do presente estudo.

Em continuidade, no sexto capítulo adentra-se ao tema propriamente dito, abordando-se os efeitos do recebimento dos benefícios previdenciários no contrato de trabalho, mediante descrição das garantias de emprego decorrentes da suspensão e interrupção, estabilidade e extinção do contrato de trabalho, dos reflexos no aviso-prévio e no contrato por prazo determinado, observando que alguns dos benefícios previdenciários fazem emergir grandes reflexos no contrato de trabalho, razão pela qual há importância de delimitar e questionar o alcance na relação de emprego.

Nesse capítulo estudam-se as garantias da relação de emprego previstas no ordenamento jurídico ou por acordo/convenção coletiva e seus principais reflexos quando do recebimento dos benefícios previdenciários.

Objetivando aprofundar a pesquisa, no sétimo capítulo foi dado destaque aos diversos benefícios previdenciários, previstos pelo ordenamento jurídico como garantias sociais para se atingir os ideais da justiça e o bem-estar social, diante da ocorrência dos riscos sociais, estabelecendo um liame entre os requisitos legais, seus beneficiários e os reflexos do Direito no contrato de trabalho.

Para discorrer sobre o tema, diversos foram os métodos de pesquisa, entre os quais: histórico (busca-se o estudo histórico do tema, desde os primórdios das relações de trabalho até as celeumas jurídicas que envolvem as relações de trabalho e os benefícios previdenciários); análise do tema em suas diversidades (racional); análise do caso concreto partindo das premissas jurídicas de maior relevância (indutivo); abordagem das diversas opiniões sobre o tema, como posicionamentos doutrinários e jurisprudenciais (dialético).

A metodologia empregada foi a dedutiva, consistente na coleta de dados e no estudo de artigos, doutrinas, além da legislação e jurisprudência correlatas ao tema.

Capítulo 2

DA SEGURIDADE SOCIAL

O direito à seguridade social surgiu após crescente evolução histórica, a partir da necessidade de proteger os indivíduos diante das contingências sociais.

Em verdade, o sistema de proteção social, desde a assistência social, garantida como estado de benevolência e caridade do cidadão até a garantia a um direito subjetivo resguardado pelo Estado e pela sociedade aos seus membros, culminou no ideal de seguridade social, que constitui gênero, do qual são espécies: a assistência social, a previdência social e a saúde.

2.1 Conceito

Objetivando uma clara definição quanto ao direito à seguridade social, convém destacar, inicialmente, o disposto no artigo 6º da Constituição Federal de 1988: "Art. 6º. São direitos sociais a educação, a saúde, a alimentação, o trabalho, a moradia, o transporte, o lazer, a segurança, a previdência social, a proteção à maternidade e à infância, a assistência aos desamparados, na forma desta Constituição. (Redação dada pela Emenda Constitucional nº 90, de 2015)".

Nota-se, pela redação do artigo supracitado, que o conceito de seguridade social abrange o direito à saúde, à assistência social e à previdência social. Pode-se dizer, portanto, que seguridade social é gênero, do qual são espécies: a saúde, a assistência e a previdência social.

O sistema de seguridade social constitui uma garantia constitucional cuja finalidade é promover o bem-estar do indivíduo, mediante supressão das necessidades básicas.

O fundamento básico da seguridade social é a solidariedade e encontra-se estampado no artigo 193 da Constituição Federal de1988, que dispõe que "a ordem social tem como base o primado do trabalho, e como objetivo o bem-estar e a justiça sociais".

O artigo 194 do referido diploma constitucional dispõe: "Art. 194. A seguridade social compreende um conjunto integrado de ações de iniciativa dos Poderes Públicos e da sociedade, destinadas a assegurar os direitos relativos à saúde, à previdência e à assistência social".

Portanto, pode-se dizer que a seguridade social decorre de um conjunto de políticas públicas para salvaguardar direitos sociais.

Nesse diapasão, ensina Wagner Balera (2006, p. 12):

> Arrumadas em sistema, as três partes que compõem o arcabouço, saúde, previdência social e assistência social, devem proporcionar, a todos, seguridade social. A integração das áreas que, dentro e fora do aparelho governamental, recebem a incumbência de satisfazer certos direitos sociais implica na racionalização da atividade administrativa, permitindo, destarte, melhor aproveitamento das particulares formas de proteção pelos usuários.

Marisa Ferreira dos Santos (2012, p. 35), ao interpretar o texto constitucional, define que:

> (...) a seguridade social compreende o direito à saúde, à assistência social e à previdência social, cada qual com disciplina constitucional e infraconstitucional específica. Trata-se de normas de proteção social, destinadas a prover o necessário para a sobrevivência com dignidade, que se concretizam quando o indivíduo, acometido de doença, invalidez, desemprego, ou outra coisa, não tem condições de prover seu sustento ou de sua família.

Embora seja notória a regra de que a "seguridade social" é gênero cujas espécies são: saúde, assistência e previdência social, o legislador, sensível ao diferente sistema protetivo, em primazia ao princípio da igualdade, estabeleceu regramentos específicos para cada espécie, definindo que o segurado da previdência social será aquele que, mediante contribuição, diante de qualquer adversidade ou contingência social, receberá a proteção devida, mantendo o antigo conceito de seguro social. Já, aqueles que se encontram fora do sistema contributivo, mas que implementam as exigências legais, estarão sujeitos a receber a proteção assistencial. Todavia, indistintamente, todos, independentemente de qualquer contribuição, terão direito à saúde.

Nesse sentido, significa dizer que todos terão direito ao gênero "seguridade social", entretanto, às espécies, somente aqueles que comprovarem o binômio custeio e necessidade.

Observa-se, contudo, que a seguridade social é um direito social alicerçado no princípio da universalidade, o qual garante que todos, de alguma maneira, tenham direito à proteção social, independentemente de sua condição socioeconômica.

Tem-se, portanto, como sujeitos da relação jurídica de seguridade social, de um lado, o sujeito ativo, que pode ser definido como o necessitado, e, de outro, o sujeito passivo, que são os Poderes Públicos, ora representados pela União, pelos Estados e Municípios, ora pela sociedade.

Assim, para se compreender o objeto da relação jurídica, dentro do contexto da seguridade social, enfatizam-se os dizeres de Santos (2012, p. 36):

> Muito antes da moderna concepção de seguridade social, a proteção social se fazia pela caridade, sem direito subjetivo, e, posteriormente, pelo seguro social, com proteção apenas para aqueles que o contratassem. Era, assim, proteção securitária fundada no conceito de risco, típico do direito civil, isto é, evento futuro e incerto, cuja ocorrência gera dano para a vítima. Configurado o sinistro (risco acontecido), o dano decorrente é coberto pela indenização; nesse caso, só existe direito à cobertura se o segurado tiver pago o prêmio. O risco e a extensão da indenização são livremente escolhidos pelas partes, e a relação jurídica nasce da celebração do contrato.O seguro social também se fundava no risco e o trabalhador interessado na cobertura pagava sua contribuição. Porém, os riscos não eram livremente escolhidos pelas partes, mas sim, fixados em lei.

Significa dizer, contudo, que o conceito de dano trazido pelos civilistas não se amolda ao objeto da relação jurídica como o mais adequado para resguardar o direito à seguridade social, pois a ideia do risco está associada ao dano, cuja forma de ressarcimento seria a indenização.

No direito à seguridade social nem sempre é necessário que haja o dano para se receber a proteção.

Objetivando exemplificar, retratam-se, as hipóteses de concessão do salário-maternidade, em que não se evidencia dano para que a segurada mãe possa receber a proteção previdenciária. Basta, contudo, o evento nascimento da criança. O mesmo ocorre nas aposentadorias, em especial por idade e tempo de contribuição, em que não há dano, mas tão somente o evento idade avançada e tempo mínimo de contribuição, respectivamente, para garantia da proteção social.

Portanto, dissocia-se da ideia do direito à seguridade social a necessidade do dano/sinistro para se garantir o ressarcimento. Distingue-se, entretanto, a forma de proteção de acordo com o custeio, em que será segurado da previdência social aquele que verter contribuições, e assistido pela assistência social aquele que não pode contribuir. Entretanto, mediante atendimento das exigências legais terá direito à proteção social e, conforme anteriormente ressaltado, todos terão direito de acesso e proteção à saúde como direito fundamental de proteção ao bem da vida.

Assim, a ideia fundamental do objeto da relação jurídica é o aparecimento da contingência e, consequentemente, da necessidade da proteção social.

2.2 Espécies

Decorrem do gênero "seguridade social" três espécies. São elas: assistência social, previdência social e saúde.

Como dito alhures, a assistência social visa assegurar a proteção social àquele que não pode contribuir com o sistema previdenciário após implementar as exigências legais, diante da ocorrência dos infortúnios decorrentes da falta ou restrição dos meios de subsistência.

Conforme previsto na Constituição Federal de 1988, a assistência social será prestada independentemente de contribuição direta do indivíduo, porém deverá ser custeada por toda a sociedade, indiretamente, com fulcro no princípio da solidariedade.

Entretanto, a legislação infraconstitucional define quem são os "necessitados", passíveis de receber a proteção social, subentendidos aqueles que não possuem meios de prover sua subsistência ou de tê-la provida por sua família.

Todavia, a proteção social recairá sobre o deficiente, físico ou mental, e o idoso, com idade igual ou acima de 65 anos (Lei n. 8.742/93).

Segundo dizeres de Maria Carmelita Yasbek (1993 *apud* MUSSI, 2008, p. 46):

> Historicamente, a assistência social pública é o mais importante mecanismo pelo qual são estendidos aos seguimentos

mais pauperizados de uma classe serviços e recursos como creches, programas de profissionalização, programas de geração de renda, de moradia, de atendimento a direitos da criança, do adolescente, da maternidade, do idoso, do portador de deficiência, do homem de rua e de muitos outros. Trata-se de um conjunto de ações extremamente diversificadas que tem como alvo prioritário a situação de espoliação e segmento também diversificado e cada vez maior das classes subalternas.

Tem-se como importante instrumento da proteção assistencial a Lei n. 8.742, de 7 de dezembro de 1993, conhecida por Lei Orgânica da Assistência Social, que assim dispõe, em seu artigo 1º:

> A assistência social, direito do cidadão e dever do Estado, é Política de Seguridade Social não contributiva, que provê os mínimos sociais, realizada através de um conjunto integrado de ações de iniciativa pública e da sociedade, para garantir o atendimento às necessidades básicas.

Constitui, ainda, objetivo da assistência social a proteção social como garantia à vida, à redução de danos e à prevenção da incidência de riscos, em especial a proteção à família, à maternidade, à infância, à adolescência e à velhice, bem como o amparo às crianças e aos adolescentes carentes, mediante a promoção da integração ao mercado de trabalho; a habilitação e reabilitação das pessoas com deficiência e a promoção de sua integração à vida comunitária, garantida por meio do pagamento de 1 (um) salário mínimo de benefício mensal à pessoa com deficiência e ao idoso que comprove não possuir meios de prover a própria manutenção ou de tê-la provida por sua família.

Já o direito de acesso universal e igualitário à saúde está consagrado nos artigos 196 a 200 da Carta Magna de 1988, e independe de contribuição direta.

Para se ter acesso à saúde, basta comprovar tão somente a necessidade, já que o direito à saúde constitui um direito subjetivo público, não podendo ser negado a ninguém sob pretexto algum.

O direito à saúde possui amparo na Lei n. 8.080, de 19 de setembro de 1990, a qual a define como direito fundamental do ser humano, sendo obrigação do Estado provê-la.

O amparo à saúde pode ser considerado também como meio de prevenção e precaução contra o surgimento de contingência maior como a doença, invalidez e, ainda, a morte.

Portanto, a proteção à saúde não possui reflexos apenas sociais, mas, principalmente, econômicos, motivo pelo qual tomar medidas protetivas visa evitar grandes impactos econômicos.

Porém, a Previdência Social representa um sistema no qual as pessoas vinculadas estão obrigadas a verter contribuições para fazerem jus à contrapartida, ou seja, à proteção previdenciária.

Objetiva-se, no próximo capítulo, destacar o conceito de previdência social bem como sua evolução histórica dentro de um contexto mundial e no Brasil, situando o leitor sobre os benefícios previdenciários e suas generalidades.

Capítulo 3

PREVIDÊNCIA SOCIAL

A previdência social é um meio de proteção que visa garantir e resguardar meios de manutenção dos segurados e seus familiares diante dos chamados infortúnios decorrentes de doença, invalidez, morte, idade avançada, maternidade, desemprego involuntário e prisão.

Entretanto, importante esclarecer que é vedada a adoção de requisitos e critérios diferenciados para concessão dos benefícios, ressalvadas as especificidades de cada um, bem como não é possível se conceder benefício ou serviço da previdência social sem a respectiva fonte de custeio.

Consoante previsão do artigo 201 da Constituição Federal de 1988, a previdência social será organizada sob a forma de regime geral, de caráter contributivo e de filiação obrigatória, observados critérios que preservem o equilíbrio financeiro e atuarial, e atenderá, nos termos da lei (...)".

Pode-se extrair do texto legal as características da previdência social: organização vinculada ao regime geral, natureza contributiva, filiação obrigatória e equilíbrio financeiro e atuarial.

Tem-se, então, que a previdência social se sujeita a regras específicas de proteção social cujo objetivo é proteger o trabalhador e sua família em situação de risco para, assim, atingir a justiça e o bem-estar social.

A administração do regime geral de previdência social fica a cargo do Ministério da Previdência e Assistência Social, cujo exercício fica a cargo dos órgãos e entidades de gestão a ele vinculados.

3.1 Definição

A terminologia "previdência social", para Carlos Alberto Pereira de Castro (2014, p. 55), é:

> O sistema pelo qual, mediante contribuição, as pessoas vinculadas a algum tipo de atividade laborativa e seus

dependentes ficam resguardadas quanto a eventos de infortunística (morte, invalidez, idade avançada, doença, acidente de trabalho, desemprego involuntário), ou outros que a lei considera que exijam um amparo financeiro ao indivíduo (maternidade, prole, reclusão), mediante prestações pecuniárias (benefícios previdenciários) ou serviços. Desde a inserção das normas relativas ao acidente de trabalho na CLPS/84, e, mais atualmente, com a isonomia de tratamento dos beneficiários por incapacidade não decorrente de acidente em serviço ou doença ocupacional, entende-se incorporada à Previdência a questão acidentária. É, pois, uma política governamental.

Mussi (2008, p. 48), contudo, vem esclarecer que "(...)a terminologia 'previdência social' tem origem fundada na ideia de prevenção, cautela e presciência".

Atinente à sua forma organizacional, a previdência social:

> É feita sob a forma de regime geral, incluindo todos os trabalhadores (cuja filiação é obrigatória), bem como aqueles que, embora não exerçam atividade remunerada, desejam fazer parte da proteção previdenciária, desde que haja efetiva contribuição (filiação facultativa). Por ter origem na ideia de seguro, a previdência social observará critérios que preservem o equilíbrio financeiro e atuarial (art. 201, *caput*, Constituição Federal de 1988). A previdência social tem caráter contributivo. Para ela contribuem o trabalhador, recebendo proteção quando diante de uma situação de necessidade, e o empregador, a empresa, ou a entidade equiparada a empresa, que terão a tranquilidade de saber que o trabalhador está amparado sob a proteção da previdência caso ocorra um infortúnio. Abarcada ainda sob o manto de proteção da previdência social, encontramos a sociedade, tendo em vista que a proteção do trabalhador correspondente a interesse social (MUSSI, 2008, p. 49).

Portanto, a previdência social, diferentemente das demais espécies de seguridade social, traz como elemento indispensável a contribuição. Somente receberá proteção social o segurado que, vinculado ao regime previdenciário, for acometido pelas contingências sociais. Embora a previdência social se confunda com a ideia de seguro social, importante lembrar que não possui natureza contratual, já que a proteção decorre, tão somente, da ocorrência do infortúnio.

3.2 Evolução Histórica

O direito à proteção social do trabalhador pelo Estado teve seu nascedouro diretamente relacionado ao desenvolvimento histórico e estrutural sobre quais seriam as reais funções estatais.

Uma das funções do Estado contemporâneo seria a proteção social dos indivíduos diante dos infortúnios decorrentes de dificuldades ou, até mesmo, da impossibilidade de garantia da própria subsistência ante o não exercício de atividade laborativa.

Para Castro (2014, p. 3):

> O ser humano, desde os primórdios da civilização, tem vivido em comunidade. E neste convívio, para sua subsistência, aprendeu a obter bens, trocando os excendentes de sua proteção individual por outros bens. Com o desenvolvimento das sociedades, o trabalho passou a ser considerado, numa determinada fase da história, mais precisamente na Antiguidade Clássica como ocupação abjeta, relegada a plano inferior, e por isso confiada a indivíduos cujo *status* na sociedade era excludente, os servos e escravos. Dizia Aristóteles que para se obter cultura era necessário o ócio, razão pela qual deveria existir o escravo. Muitos mencionam advir daquela época a etimologia do vocábulo trabalho, derivando do latim *tripalium.*

Observando o contexto histórico, nota-se que surgiram, dentro do sistema feudal, os primeiros agrupamentos de indivíduos, os quais, migrando das terras dos nobres, se estabeleciam nas "urbes", formando, assim, por meio de uma identidade de trabalho, as chamadas "corporações de ofício", cuja finalidade seria firmar contratos de locação de serviços nos quais os trabalhadores se vinculavam aos mestres das corporações mediante relação de subordinação.

Parte-se, contudo, do poder absoluto do senhor feudal para se atingir o objetivo maior que era a liberdade, igualdade e dignidade da pessoa humana, consolidadas na Constituição Federal de 1988. Nessa oportunidade surge o sistema de proteção aos trabalhadores.

3.2.1 Internacional

A partir do Estado moderno, em meados da Revolução Industrial, surgem as relações de trabalho propriamente ditas. Notoriamente, passa-se a visualizar as diferentes relações de trabalho, nas quais, de um lado, estão os detentores dos meios de produção e, de outro, aqueles que se ocupavam e viviam da sua força de trabalho.

A partir de então, iniciou-se a discussão sobre a proteção social descentralizando a questão política e econômica. Sob o enfoque dado por Omar Gonçalves da Motta (1944 *apud* MUSSI, 2008, p. 28): "a questão social é o problema do desajustamento entre as classes em que se divide a sociedade; em sentido amplo, a questão social é o problema dos males que afligem a sociedade, e dos remédios propostos para curá-los". O homem buscou, contudo, a proteção a tais direitos exigindo, por conseguinte, melhores condições de trabalho e a respectiva proteção social diante da ocorrência dos riscos sociais.

O movimento dos trabalhadores eclodiu após aumento significativo das máquinas, do crescente índice de desemprego, das condições subumanas de trabalho, dos diversos acidentes sofridos no ambiente de trabalho e, sobretudo, pelo *status* de "coisificação", que foi atribuído ao trabalhador, já que este, com o avanço dos meios de produção, foi promovido ao segundo plano.

Paralelamente ao fenômeno da Revolução Industrial, que trouxe um cenário precário, porém marcante, pelos ideais da proteção social, teve-se a Revolução Francesa, a qual trouxe em seu bojo os primeiros "ideais libertatórios", proclamando, assim, a liberdade justa e igualitária entre os homens.

Ainda nos primórdios das relações de emprego, as remunerações ocorriam por meio do pagamento de salários, entretanto, sem qualquer regulamentação, o que, em muitas situações, colocava o trabalhador em condição análoga à de escravo, inexistindo qualquer intervenção estatal capaz de garantir a proteção individual ou à vida do trabalhador, exceto àquelas decorrentes do próprio contrato de trabalho.

A ausência de proteção estatal fez com que eclodissem inúmeros manifestos por parte dos trabalhadores, em busca de melhores condições de trabalho e de subsistência, por meio de movimentos como greves e revoltas, as quais foram violentamente reprimidas pelo Poder Constituinte.

Surgiram, então, os primeiros passos da intervenção estatal, a fim de regulamentar as condições de trabalho e garantir proteção individual ao trabalhador diante das adversidades e infortúnios oriundos da relação de trabalho.

Ocorre, entretanto, que mesmo diante da intervenção estatal como mecanismo de proteção social, as revoltas operárias se propagaram durante todo o século XIX, surgindo, a partir de então, as primeiras leis de proteção ao trabalhador, o que culminou em uma alteração do conceito de Estado, passando-se, assim, a denominação de "Estado Social", "Estado de Bem-Estar", ou ainda, "Estado Contemporâneo".

Diante da nova conceituação do que seria "Estado", Celso Barroso Leite (1978 *apud* CASTRO, 2014, p. 5), esclarece o que seria proteção social, definindo-a como:

> (...) o conjunto de medidas de caráter social destinadas a atender certas necessidades individuais, mais especificamente, às necessidades individuais que, não atendidas, repercutem sobre os demais indivíduos e, em última análise, sobre a sociedade.

É certo que, embora a ideia de proteção social tenha surgido em tempos remotos, a necessidade de assegurar as diferentes relações de trabalho e garantir proteção aos trabalhadores diante dos infortúnios sempre foi uma preocupação natural dos seres humanos.

Como já ressaltado, anteriormente ao surgimento das primeiras leis protetivas das relações de trabalho, a proteção social decorria da união de pessoas que tinham por finalidade contribuir para um fundo de assistência mútua, objetivando proteger o trabalhador diante de uma possível ausência da capacidade laborativa, possibilitando, assim, preservar sua subsistência.

Destaca-se, por conseguinte, que somente com o desenvolvimento da sociedade industrial é que houve um grande salto no sistema protetivo.

Tem-se, todavia, como grande marco na evolução da proteção social, a criação da Declaração dos Direitos do Homem e do Cidadão, em 1789, que trouxe em seu bojo o princípio da seguridade social como direito subjetivo garantido e assegurado a todos.

Importante enfatizar o artigo 23 da Declaração dos Direitos do Homem e do Cidadão, *in verbis*:

> Art. 23. Toda pessoa tem direito ao trabalho, à livre escolha do trabalho, a condições equitativas e satisfatórias de trabalho e à proteção contra o desemprego. Todos têm direito, sem discriminação alguma, a salário igual por trabalho igual. Quem trabalha tem direito a uma remuneração equitativa e satisfatória, que permita à sua família uma existência conforme a dignidade humana, e completada, se possível, por todos os outros meios de proteção social. Toda a pessoa tem o direito de fundar com outras pessoas sindicatos e de se filiar em sindicatos para defesa dos seus interesses.

Contudo, o aumento da marginalização social foi, pouco a pouco, estimulando as revoltas sociais, gerando conflitos violentos, o que marcou a eclosão das revoluções de 1848 e 1871, na França, Inglaterra e Alemanha, despertando assim, nos então governantes, a grande necessidade de intervenção e regulamentação da vida econômica dos trabalhadores.

Os primeiros passos para o surgimento da previdência social são bem resumidos por Castro (2014, p. 9):

> Os Estados da Europa, precursores da ideia de proteção social estatal ao individuo vítima de infortúnios, estabeleceram, de maneira gradativa, da segunda metade do século XIX até o inicio do século XX, um sistema jurídico que garantiria aos trabalhadores normas de proteção em relação aos seus empregadores nas suas relações contratuais, e um seguro, mediante contribuição destes, que consistia no direito a uma renda em caso de perda da capacidade de trabalho, por velhice, doença ou invalidez, ou a pensão por morte, devida aos dependentes. Assim se define uma nova política social, não mais meramente assistencialista, está lançada a pedra fundamental da Previdência Social.

Assim, faz-se necessário estabelecer a distinção entre seguro social e assistência social. Entretanto, importante destacar a conceituação introduzida por Augusto Venturi (*apud* CASTRO, 2014, p. 9):

> Seguro e assistência, por suas naturezas e técnicas completamente diferentes, agem em realidade, em dois planos completamente distintos. O seguro social garante o direito a prestações reparadoras ao verificar-se o evento previsto, antes que os danos possam determinar o estado de indigência, de privação, da pessoa golpeada. A assistência intervém, não de direito, mas segundo avaliação discricionária, somente quando, por causa de eventos previstos ou não previstos, esteja já em ato um estado de indigência, de privação, que ela tem o fim de combater.

A respeito das origens do Estado Democrático, têm-se como marco os dizeres de Ferdinand Lassale, que inspirou a Social Democracia trazendo como ideais o sufrágio universal, a proteção trabalhista e uma repartição igualitária dos poderes políticos, sociais e econômicos.

Também como um dos precursores da ideologia do Estado Democrático, têm-se Adolph Wagner, o qual formulou a teoria econômica da "Lei de Wagner", que segundo Paulo Márcio Cruz (*apud* CASTRO, 2014, p. 10):

> (...) anunciou a progressiva transformação do Estado, definida como "o Estado de bem estar e de cultura", impulsionado por crescimento dos gastos públicos superiores ao crescimento da economia, criação de novas instituições dotadas de formas inovadoras de intervenção estatal, e a previsão de que a receita do Estado poderia ser obtida por um imposto progressivo sobre a renda.

Referido precursor tornou-se o centro da escola socialista do Estado, estabelecendo que entre o indivíduo e as classes de uma nação existia, de uma maneira mais profunda, a solidariedade moral mais que a econômica.

Outro marco histórico da proteção social foi a publicação da Encíclica Papal Rerum Novarum, de 15 de maio de 1891, na qual a Igreja reconhecia a injustiça social e indicava a intervenção estatal na economia como meio para se evitar os abusos.

A Primeira Guerra Mundial (1914-1918) foi tida como fator primordial na formação do novo modelo estatal, pois surgiu a necessidade de se acelerar uma possível revisão na legislação social com maior intervenção do Estado na questão do trabalho como meio de sobrevivência.

Convém enfatizar, ainda, a Revolução Soviética de 1917, que consistia em uma grave ameaça ao modelo de Estado Moderno Liberal caso não houvesse modificação na estrutura da sociedade, já que a superação do liberalismo, iniciada pelos socialistas, foi uma grande obra dos movimentos de direita, como o fascismo e o nazismo.

Em 1919, foi criada a Organização Internacional do Trabalho – OIT, por meio do Tratado de Versalhes, cujo intuito era a proteção social do trabalhador.

O fim do intervencionismo estatal vai da quebra da Bolsa de Valores de Nova York, em 1929, ao período anterior à eclosão da Segunda Guerra Mundial, haja vista que, nesta época, surgem teorias econômicas aliadas às políticas estatais, as quais geraram profundas mudanças no modelo contemporâneo, surgindo, a partir, de então, a expressão "Estado do Bem-Estar Social (WelfareState)".

Passava-se, a partir de então, a entender que a proteção social era dever de toda a sociedade, enfatizando o princípio da solidariedade, fundamental para se entender a real ideia de seguro social, já que, sem cotização de todos, não há que falar em previdência social.

Surgem, então, os chamados planos previdenciários, sendo que cada qual obedecia a um modelo de previdência social.

O chamado plano "bismarckiano", também conhecido por "plano de capitalização", estabelecia que somente poderiam ser contribuintes os empregadores e empregados, sendo a contribuição compulsória, uma vez que a proteção previdenciária teria por finalidade abranger, tão somente, tais contribuintes.

Embora fosse uma imposição estatal, o referido sistema de contribuição ainda não era revestido do caráter solidário, pois faltava contribuição daqueles que poderiam ser potencialmente contribuintes do sistema previdenciário.

Já o conhecido "plano de beveridge", criado pelo inglês Lorde Willian Henry Beveridge, introduziu ao conceito de previdência social o sistema universal de proteção em que as contribuições eram compulsórias.

No sistema de repartição, toda a sociedade contribuía para um fundo de previdência social por meio de uma contribuição obrigatória. Em contrapartida, incidia a proteção diante das contingências sociais previstas na legislação de proteção social.

Nesse contexto, cabe sintetizar as duas correntes que tiveram relevância na crescente evolução histórica da previdência social. Segundo Mauro Ribeiro Borges (2003 *apud* CASTRO, 2014, p. 15):

> Um sistema previdenciário cuja característica relevante seja a de funcionar como um seguro social poder ser designado como Bismarckiano. Um sistema que enfatize funções redistributivas, objetivando também a redução da pobreza pode ser qualificado por Beveridgeano.

Assim, pode-se concluir que, a partir de então, se materializa a universalização dos direitos sociais integrando, portanto, o rol de direitos fundamentais.

A notoriedade do princípio da universalidade como direito fundamental se consolida na Declaração Universal dos Direitos

Humanos, de 1948, em seu artigo 25[1], que redefine o papel do Estado contemporâneo.

Como bem enfatizado por Mussi (2008, p. 33):

> (...) a Declaração Universal dos Direitos Humanos representa grande evolução em matéria de seguridade social. Por meio dela a dignidade da pessoa humana é posta em destaque e a segurança social é vida como elemento precípuo para o alcance do bem estar e da justiça sociais.

Entretanto, para os adeptos da corrente neoliberal a evolução do papel do Estado contemporâneo trouxe um desequilíbrio nas relações particulares, ocasionando despesas intoleráveis, as quais estiveram, diretamente, associadas aos crescentes gastos públicos, em decorrência da diminuição dos postos de trabalho.

Portanto, é possível dizer que em alguns países, entre os quais inclui-se o Brasil, não se atingiu o mesmo nível de proteção social.

Para Castro (2014, p. 16):

> Entretanto, em países – tais como o Brasil – que não atingiram o mesmo nível de proteção social que os dos continentes precursores de tais ideias – Europa, América do Norte, Oceania – o período atual geral problemas de outra ordem: a redução de gastos públicos com políticas sociais, o que, em verdade, significa o não atingimento do prometido Bem-Estar Social.

Muito se critica a expressão "Estado de Bem-Estar", cuja finalidade é um sistema de repartição fundado na solidariedade social, pois há muitos problemas na implementação de políticas sociais.

Isso está fazendo com que muitos países, os quais anteriormente aderiam a política de bem-estar, permutem para outros regimes, criando, então, um sistema de poupança descentralizado dos recursos das contribuições em órgãos estatais.

Carmelo Mesa-Lago (2003 *apud* CASTRO, 2014, p. 17) define que:

> As chamadas "reformas" dos sistemas previdenciários públicos obedecem, em síntese, a dois moldes, (1) reformas

---

(1) Art. 25 da Declaração Universal dos Direitos Humanos: "Todo homem tem o direito a um padrão de vida capaz de assegurar-lhe a saúde, e o bem-estar próprio e da família, especialmente no tocante à alimentação, ao vestuário, à habitação, à assistência médica e aos serviços sociais necessários; tem direito à segurança no caso de desemprego, doença, invalidez, viuvez, velhice ou em qualquer outro caso de perda dos meios de subsistência, por força de circunstâncias independentes de sua vontade".

estruturais, que visam modificar radicalmente o sistema público, seja introduzindo um componente privado como complemento ao público, seja criando um sistema privado que concorra com o público; e (2) reformas não estruturais, ou paramétricas, que visam melhorar um sistema público de benefícios a fim de fortalecê-lo financeiramente a longo prazo, por exemplo, incrementando a idade de aposentadoria ou o valor das contribuições, ou ainda, tornando mais exata a fórmula de calcular o benefício.

Conclui-se, assim, que o modelo do Estado contemporâneo, nos moldes idealizados, possui como característica marcante a intervenção estatal não apenas como meio de assegurar a segurança material, mas também buscar outros objetivos sociais, em especial o desenvolvimento econômico e o acesso a uma vida digna, diante dos infortúnios, seja aqueles causados em razão de uma perda ou da diminuição da condição de subsistência própria ou de seus familiares, garantindo, um tratamento isonômico a todos os trabalhadores, mediante acesso universal ao sistema de proteção social.

3.2.2 Brasil

No Brasil, o sistema de proteção social foi alvo de um lento sistema evolutivo marcado pela dificuldade de se entender que havia necessidade da intervenção estatal para suprir as deficiências da liberdade absoluta.

O doutrinador Carlos Alberto Pereira de Castro (2014, p. 37/38) contextualiza a evolução história no Brasil a partir de estudos realizados por Rocha, assim retratando:

> O desenvolvimento do Brasil, como o da América Latina em geral, não foi caracterizado pela transição do feudalismo para o capitalismo moderno, com um mínimo de intervenção estatal. A relação entre o Estado brasileiro e a sociedade civil sempre foi uma relação peculiar, pois as condições nas quais, aquele foi concebido, tais como partidos políticos regionais e oligárquicos, clientelismo rural, ausência de camadas médias organizadas politicamente, inviabilizando a institucionalização de formas de participação política e social da sociedade civil, determinaram o nascimento do estado antes da sociedade civil. Por conseguinte, a questão social, tão antiga quanto a histórica nacional

do Brasil como nação independente, resultará complexa. Enquanto a primeira evolução industrial estava na sua fase de maturação na Inglaterra (1820 a 1830), o Brasil acabara de promover a sua independência, deixando de ser colônia, mas permanecendo com uma economia arcaica baseada no latifúndio e no trabalho escravo. Por isto, antes de ingressar na era industrial, nosso país já apresentava contornos sociais marcados por desigualdades, em especial uma distribuição de renda profundamente desigual.

No Brasil, as primeiras regras sobre previdência social surgiram em meados do século XX. Muito embora já houvesse algumas garantias previstas em legislações esparsas diante da ocorrência dos infortúnios, possuíam caráter eminentemente assistencialista.

Entretanto, foi a publicação da Lei n. 4.682, de 24 de janeiro de 1923, denominada Lei Eloy Chaves, o marco inicial da previdência social no Brasil, pois foram criadas as chamadas Caixas de Aposentadorias e Pensões para as empresas de estradas de ferro assegurando aos contribuintes (trabalhadores, empregadores e Estado) que, por meio de suas contribuições, ficariam garantidos os direitos à aposentadoria e à pensão por morte, além da assistência médica e redução dos custos com medicamentos.

Como a aderência dos trabalhadores e a capacidade contributiva ainda eram ínfimas, não era possível manter a concessão dos benefícios a longo prazo. Todavia, Eloy Chaves instituiu alguns dos princípios basilares da previdência social, quais sejam: o caráter contributivo e o limite etário vinculado a um determinado tempo de serviço; a compulsoriedade, já que os trabalhadores e empregadores eram compelidos a aderir ao sistema, cabendo ao Estado a regulamentação e supervisão, bem como a definição do rol das prestações passíveis de proteção social.

Ocorre, porém, que o modelo de proteção social criado por Eloy Chaves sofreu a primeira crise, na década de 30, em face das inúmeras denúncias de fraude e corrupção.

Tal fato ocasionou a suspensão, por parte do governo de Getúlio Vargas, da concessão das aposentadorias por período não inferior a 6 (seis) meses, o que a longo prazo foi dando origem aos chamados IAP – Institutos de Aposentadorias e Pensões, que foram organizados a partir de determinada categoria profissional. Os primeiros IAP's, criados no

Brasil, foram o dos Marítimos, em 1933, por meio do Decreto 22.872; posteriormente, dos Comerciários e dos Bancários, em 1934; dos Industriários, em 1936 e, por fim, dos Empregados em Transportes de Cargas, em 1938.

A Carta Magna de 1934 foi a primeira Constituição brasileira a trazer, em seu texto, o sistema tripartite de custeio definido pela contribuição dos trabalhadores, dos empregadores e do Poder Público.

Já a Constituição de 1937 não trouxe grandes alterações, tampouco evoluções históricas ao contexto social. Todavia, introduziu pela primeira vez a expressão "seguro social".

Em 1939, regulamentou-se a aposentadoria dos servidores públicos introduzida a partir da premissa de que os benefícios partem sempre de uma determinada categoria para a coletividade.

Já em matéria assistencial, criou-se, em 1942, por meio do Decreto 4.890, a Legião Brasileira de Assistência – LBA.

No entanto, foi a partir da Constituição de 1946 que surge o primeiro capítulo versando sobre os Direitos Sociais, compelindo o empregador a manter o seguro de acidentes do trabalho. Esta foi, então, a primeira tentativa de estabelecer um sistema constitucional de normas protetivas, introduzidas no artigo 157 do texto, empregando, pela primeira vez, a expressão "previdência social" em uma Constituição brasileira.

A partir daí, houve uma crescente evolução história iniciada, já em 1949, com a publicação do Decreto 26.778, de 14 de junho, que trouxe um Regulamento Geral das Caixas de Aposentadorias e Pensões, estabelecendo regras para concessão de benefícios já que, anteriormente, cada Caixa possuía seus regramentos próprios e, em 12.11.1953, por meio do Decreto 34.586, ocorreu uma fusão entre todas as Caixas remanescentes, criando-se uma Caixa Nacional que, posteriormente, foi transformada na Lei Orgânica da Previdência Social, na década de 60.

Também foram criados, em 1953, os regramentos para concessão de benefícios aos profissionais liberais, por meio do Decreto 32.667, que assegurava aos trabalhadores sua inserção no sistema previdenciário como "trabalhadores autônomos".

A Lei Orgânica da Previdência Social – LOPS, criada pelo Ministério do Trabalho e Previdência Social, promulgada sob o número 3.807, trouxe normas uniformes para a proteção dos segurados e dependentes dos vários institutos existentes, estabelecendo, em situação de igualdade, um plano único de benefícios cujo objetivo foi extirpar as desigualdades nos tratamentos dirigidos aos trabalhadores e seus dependentes. Foi por meio desta legislação que deixou de existir o agrupamento protetivo, conforme a classe de operários, haja vista que todos estavam vinculados a um único sistema protetor. Contudo, até esta época, ainda continuavam à mercê da proteção previdenciária os trabalhadores rurais e os domésticos.

Para Ruy Carlos Machado Alvim (1979 apud MUSSI, 2008, p. 38):

> Os principais méritos da LOPS, afora o da universalidade são: Uniformização dos benefícios e serviços previdenciários, acabando pelo menos a nível legislativo, com as diferenças de tratamento; Igualdade no sistema de custeio, tanto o empregado como o empregador de qualquer atividade profissional contribuem com a mesma percentagem, variável entre 6% e 8% da remuneração efetivamente percebida no mês anterior; Ampliação considerável do número das contingências (ou riscos) sociais cobertos, a ponto de o Brasil ser apontado como o país que mais prestações previdenciárias contempla em seu elenco (...).

Criava-se, contudo, em 3 de outubro de 1963, a Lei n. 4.296, responsável pelo salário-família, que tinha por finalidade proteger os segurados com filhos menores contra as adversidades, garantindo a eles meios de manutenção. No mesmo ano, criou-se o décimo terceiro salário e, também, o abono anual.

Por meio da Emenda Constitucional n. 11/1965, criou-se o princípio da fonte de custeio, que trouxe em seu bojo a interligação entre precedência da fonte de custeio e criação ou majoração de benefício.

Entretanto, apenas em 1º de janeiro de 1967 é que se unificam os IAP's, surgindo, assim, o Instituto Nacional de Previdência Social–INPS, criado pela Constituição atual, o seguro-desemprego, bem como o Seguro de Acidentes de Trabalho – SAT.

Somente em 1971, por meio da Lei Complementar 11, surgiu o primeiro regulamento protetivo ao direito do trabalhador rural mediante a criação do FUNRURAL, oportunidade em que referida classe de trabalhadores passou a fazer parte do rol de segurados da Previdência Social. Porém, somente com a Lei n. 6.260, de 6 de novembro de 1975, foram instituídos os benefícios em favor dos empregadores rurais e seus dependentes.

No mesmo diapasão, a classe dos trabalhadores domésticos, por meio da promulgação da Lei n. 5.859/72, passou a integrar o rol de segurados obrigatórios do sistema previdenciário.

Destaca-se, por conseguinte, que foi em 1975, por meio da Lei n. 6.229, de 17 de julho, que se criou o Sistema Nacional da Saúde, cujo objetivo foi instituir programas de prevenção, proteção e recuperação da saúde, por meio do Ministério da Assistência e Previdência Social[2].

A Lei n. 6.367, de 1976, no sistema evolutivo, foi considerada a última lei específica sobre os acidentes de trabalho. Nesse ano também foi criado um compilado de normas previdenciárias em diplomas avulsos, por meio do Decreto n. 77.077.

Foram criadas, contudo, a partir de 1977, as chamadas instituições de previdência complementar, regulamentadas pelos Decretos 81.240/78 e 81.402/78, denominadas entidades fechadas e abertas, respectivamente.

Ainda, em 1977, houve novas transformações no modelo previdenciário, agora no tocante ao sistema organizacional, criando-se o Sistema Nacional de Previdência e Assistência Social – SINPAS; o Instituto de Administração Financeira da Previdência Social e Assistência Social – IAPAS e, o Instituto Nacional de Assistência Médica da Previdência Social – INAMPS, juntos eles mantinham o Instituto Nacional de Previdência Social – INPS para pagamento dos benefícios; a Legião Brasileira de Assistência – LBA, que objetivava atender os idosos e gestantes; a Fundação Nacional do Bem-Estar do Menor – FUNABEM, para proteger os menores carentes; a Central de Medicamentos – CEME, que criava medicamentos de baixo custo e a Empresa de Tecnologia e Informação da Previdência Social – DATAPREV, que executava e controlava dados do sistema, sendo que todos integravam o SINPAS.

Quando da criação do SINPAS, houve uma grande confusão entre os conceitos de previdência, assistência e saúde, haja vista que, até então, o conceito de previdência social abarcava um conjunto de ações consistentes na proteção social e assistencial.

Surgiu então, em 1981, a Emenda Constitucional n. 18, que regulamentou a aposentadoria dos professores, desde que contassem com tempo exclusivo em funções de magistério após 25 anos se mulher e 30 anos se homem.

---

(2) A Medida Provisória 103, de 1.1.2003, desmembrou o Ministério da Previdência e Assistência Social em Ministério da Assistência e Promoção Social e Ministério da Previdência Social.

Em 1984, criou-se a última Consolidação da Lei da Previdência Social – CLPS, a qual trata de matérias relacionadas ao custeio e aos benefícios previdenciários, bem como as matérias decorrentes de acidente do trabalho em um único compilado.

Entretanto, foi com a Constituição Federal de 1988 que se estabeleceu o sistema de Seguridade Social, determinando que todos os recursos arrecadados fossem investidos na previdência, assistência e saúde, para salvaguardar a proteção de direitos sociais fundamentais, mediante ações conjuntas dos Poderes Público e Privado.

Dispõe Castro (2014, p. 47), que:

> (...) a Assembleia Nacional Constituinte, ao dispor sobre a matéria em 1988, assegurou direitos até então não previstos, como por exemplo, a equiparação dos direitos sociais dos trabalhadores rurais com os dos trabalhadores urbanos, nivelando-os pelos últimos; a ampliação do período de licença maternidade para 120 dias, com consequente acréscimo de despesas no pagamento dos salários maternidade, e a adoção do regime jurídico único para os servidores públicos da Administração Direta, autarquias e fundações públicas das esferas federal, estadual e municipal, unificando, também, por conseguinte, todos os servidores em termos de direito à aposentadoria, com proventos integrais, diferenciada do restante dos trabalhadores (vinculados ao Regime Geral), que tinham sua aposentadoria calculada pela média dos últimos 36 meses de contribuição.

Observa-se, contudo, uma crescente evolução na proteção dos direitos sociais fundamentados constitucionalmente.

Em 1990, o INPS e o IAPAS se transformam no Instituto Nacional do Seguro Social – INSS, que fica responsável pela administração, arrecadação, concessão e pelo pagamento dos benefícios e das prestações previdenciárias. Entretanto, em 2007, com a criação da "Super Receita", por meio da Lei n. 11.457/2007, a arrecadação das contribuições previdenciárias foi transferida para a Receita Federal do Brasil, que passou a responder por todo o sistema de custeio da seguridade social.

A necessidade de regulamentação do sistema de custeio e concessão dos benefícios e serviços da Previdência Social deu origem, no ano de 1991, às Leis n. 8.212 e 8.213.

Todavia, entre 1993 e 1997 houve sensíveis alterações na legislação de seguridade social, entre as quais a criação da Lei Orgânica da Assistência Social – LOAS, em 7.12.1993; o fim do abono de permanência e do pecúlio; rigidez na concessão das aposentadorias especiais e a extinção de várias modalidades de aposentadorias, como a do juiz classista na Justiça do Trabalho e a do jornalista.

O ano de 1998 foi marcado, também, por grandes alterações nos regramentos do sistema previdenciário, tendo como ponto de partida a publicação da Emenda Constitucional n. 20, que, além de inserir a regra de transição contida em seu artigo 9º, introduziu a expressão "tempo de contribuição", garantindo, porém, àqueles que já estavam inseridos no regime previdenciário, anterior a 16.12.1998, a manutenção dos direitos então resguardados pela norma vigente.

Capítulo 4

BENEFÍCIOS E INSTITUTOS AFINS

Inicialmente, importante destacar que encontra-se no texto constitucional de 1988 a previsão de que cabe ao regime geral de previdência social a proteção diante da ocorrência de determinados eventos, denominados infortúnios.

O legislador buscou, contudo, definir quais os riscos sociais passíveis de proteção pela saúde, assistência social e previdência social.

Trouxe, então, no artigo 201 da Constituição Federal de 1988, o rol dos riscos sociais passíveis de proteção, enumerando-os:

Art. 201. (...)

I – cobertura dos eventos de doença, invalidez, morte e idade avançada;

II – proteção à maternidade, especialmente à gestante;

III – proteção ao trabalhador em situação de desemprego involuntário;

IV – salário-família e auxílio-reclusão para os dependentes dos segurados de baixa renda;

V – pensão por morte do segurado, homem ou mulher, ao cônjuge ou companheiro e dependentes;

Referido dispositivo garante, sem dúvida, proteção não apenas aos segurados, mas também aos seus dependentes.

Entretanto, é em decorrência da natureza contributiva da previdência social que ficam resguardados aos seus contribuintes e dependentes os direitos aos benefícios previdenciários, desde, todavia, que cumpridos os requisitos exigíveis por lei.

Diante da necessidade de normatização de um plano de previdência social, coube ao legislador ordinário criar aquilo que já se encontrava citado no texto constitucional como eventos passíveis de proteção social.

Desta maneira, foi criada a Lei n. 8.213, de 24 de julho de 1991, que regulamenta o plano de benefícios passíveis de proteção pelo regime geral de previdência social, sendo composta por normas de Direito Público que definem direitos e obrigações aos beneficiários do regime, cujo gestor é o Estado.

Destaca-se que os benefícios previdenciários regidos pelo regime geral de previdência social estão elencados no supracitado ordenamento jurídico.

A Lei n. 8.213/91 é conhecida como Plano de Benefícios da Previdência Social, tendo, ao longo dos anos, sido submetida a sensíveis alterações legislativas por meio de Decretos. Entretanto, atualmente, encontra-se regulamentada pelo Decreto 3.048, de 6 de maio de 1999.

Com a criação da citada lei, passou-se a regulamentar as obrigações do ente previdenciário, bem como definir os segurados potenciais e seus dependentes e quais as prestações previdenciárias devidas.

Para Wladimir Novaes Martinez (1997 apud CASTRO, 2014, p. 505/506):

> O legislador dá atenção especial à prestação e cerca-a de muitos cuidados (v.g., definitividade, continuidade, irrenunciabilidade, indisponibilidade, intransferibilidade, inalienabilidade e impenhorabilidade), constituindo-se no principal instituto jurídico previdenciário. Devendo-se acrescer a substitutividade e a alimentaridade, dados essenciais à relação (...). A razão de ser da relação jurídica de prestações são os benefícios e serviços, isto é, atividade-fim da Previdência Social: propiciar os meios de subsistência da pessoa humana conforme estipulado na norma jurídica.

Tem-se, contudo, que as prestações previstas no Plano de Benefícios da Previdência Social são gêneros, das quais são espécies os benefícios e os serviços.

Segundo Castro (2014, p. 506), "(...) benefícios são valores pagos em dinheiro aos segurados e dependentes. Serviços são prestações imateriais postas à disposição dos beneficiários".

Os benefícios previstos no ordenamento jurídico são: as aposentadorias por tempo de contribuição, idade, invalidez e especial, o auxílio-doença previdenciário e acidentário, o salário-família, o salário-maternidade, a pensão por morte e o auxílio-reclusão. Entretanto, importante destacar que alguns benefícios são deferidos apenas ao segurado, enquanto outros o são aos seus dependentes ou a ambos, dependendo do caso particularizado.

Os benefícios passíveis de recebimento pelos dependentes são: a pensão por morte e o auxílio-reclusão, porém os serviços postos à disposição dos segurados ou dependentes pode ser o serviço social e a reabilitação profissional.

As contingências ou os infortúnios cobertos pelo plano de benefício encontram-se previstos no artigo 1º da Lei n. 8.213/91, podendo ser enumerados: incapacidade, desemprego involuntário, idade avançada, tempo de contribuição, encargos familiares e prisão ou morte.

Contudo, é segurado e dependente da previdência social o sujeito ativo da relação jurídica que for acometido pela contingência social e necessitar da proteção previdenciária.

Entretanto, esclarece Santos (2012, p. 140) que:

> São diferentes as relações jurídicas que se estabelecem entre segurado e Previdência Social e entre dependente e Previdência Social. A relação jurídica entre segurado e Previdência Social se inicia com seu ingresso no sistema, e se estenderá enquanto estiver filiado. A relação jurídica entre dependente e Previdência Social só se formaliza se não houver mais a possibilidade de se instalar a relação jurídica com o segurado porque não há, no sistema previdenciário, nenhuma hipótese de cobertura concomitante para segurado e dependente.

Dos ensinamentos de Santos, é possível extrair o conceito de quem são os segurados da previdência social.

Sabendo-se que a previdência social é espécie do gênero seguridade social, cuja característica marcante é o caráter contributivo, são segurados, portanto, aqueles que contribuem com o sistema previdenciário tendo direito aos benefícios e prestações postas à disposição diante dos infortúnios sociais em virtude do chamado princípio da contrapartida.

Objetivou o legislador constituinte garantir proteção previdenciária para todos os que trabalham e que, de alguma forma, seja social, seja economicamente, contribuem com o sistema previdenciário.

Assim, os segurados obrigatórios estão previstos no artigo 11 da Lei n. 8.213/91, e os segurados facultativos então arrolados no artigo 14 do mesmo diploma legal.

Os segurados obrigatórios são aqueles que exercem atividade remunerada, de natureza rural ou urbana, cuja contribuição é compulsória, mediante vínculo empregatício ou não.

O artigo 11 da Lei n. 8.213/91 elenca quem são os segurados obrigatórios: empregado, empregado doméstico, segurado especial, trabalhador avulso e contribuinte individual.

Os segurados facultativos, porém, estão previstos no artigo 14 da lei de plano de benefícios e são definidos, consoante texto normativo, como aqueles que estão fora da atividade econômica, mas objetivam a proteção social. Trata-se, portanto, de ato volitivo, cuja contribuição não é compulsória e o ingresso ao regime geral depende de formalização do ingresso ao sistema, o qual se dá por meio da inscrição.

O artigo 18 do Decreto 3.048/99 dispõe que:

> Considera-se inscrição de segurado para os efeitos da previdência social o ato pelo qual o segurado é cadastrado no Regime Geral de Previdência Social, mediante comprovação dos dados pessoais e de outros elementos necessários e úteis a sua caracterização, observado o disposto no art. 330 e seu parágrafo único, na seguinte forma (...)

Observa-se, pelo texto da lei, que a inscrição constitui mero ato de formalização da filiação ao regime geral que pode se dar de maneira diversa para cada um dos segurados do sistema previdenciário.

Atinente à possibilidade da inscrição *post mortem*, diverge a doutrina e jurisprudência majoritária dos tribunais superiores, porém o ensinamento trazido por Santos (2014, p. 212/213) é no sentido de que:

> Embora o detalhamento das normas administrativas estabeleça regras de inscrição *post mortem* apenas para o segurado especial (art. 42 da IN INSS/PRES n. 45/2010), entendemos que a restrição é ilegal, pois a Lei n. 8.213/91 não contém tal vedação. Pelo contrário, a Lei de Benefícios considera segurado obrigatório todo trabalhador que exerce atividade remunerada. (...) Entendemos que não se pode engessar a possibilidade dos dependentes do segurado falecido em ver reconhecida sua condição, para efeito de recebimento da pensão por morte. A realidade social brasileira, em que grande parte dos trabalhadores exerce atividade em caráter informal, sem o devido registro profissional e sem que o

tomador dos serviços realize o recolhimento de contribuições previdenciárias, torna esse grupo de pessoas verdadeiros "não cidadão", ante a possibilidade de privação de seus Direitos Fundamentais Sociais. Assim, deve o julgador possuir extrema sensibilidade e ponderação para analisar cada caso concreto, evitando-se a cantilena, muitas vezes entoada pelo órgão previdenciário, de que todos são estelionatários, buscando fraudar a Previdência e obter benefícios indevidos.

É, pois, da inscrição que decorre a filiação que, segundo a previsão contida no artigo 20 do Decreto 3.048/99 é:

> (...) o vínculo que se estabelece entre pessoas que contribuem para a previdência social e esta, do qual decorrem direitos e obrigações. Parágrafo único. A filiação à previdência social decorre automaticamente do exercício de atividade remunerada para os segurados obrigatórios e da inscrição formalizada com o pagamento da primeira contribuição para o segurado facultativo.

O quadro abaixo elucida a constituição do sistema previdenciário. Veja-se:

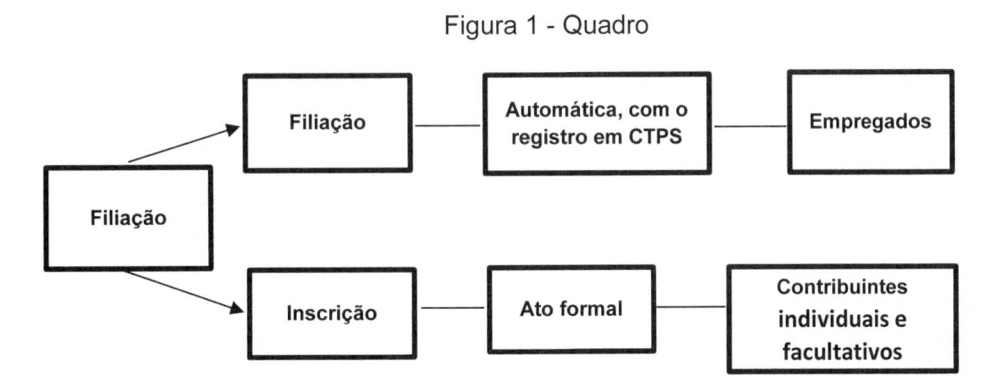

Figura 1 - Quadro

```
                    ┌──────────┐   ┌────────────────────┐   ┌────────────┐
                  → │ Filiação │ ─ │ Automática, com o  │ ─ │ Empregados │
                    └──────────┘   │ registro em CTPS   │   └────────────┘
┌──────────┐                       └────────────────────┘
│ Filiação │
└──────────┘                                                 ┌──────────────┐
                    ┌──────────┐   ┌────────────┐            │ Contribuintes│
                  → │Inscrição │ ─ │ Ato formal │ ─────────  │ individuais e│
                    └──────────┘   └────────────┘            │ facultativos │
                                                             └──────────────┘
```

Fonte: Santos, Marisa Ferreira dos. **Direito previdenciário esquematizado**. 2. ed. rev. e atual. São Paulo: Saraiva, 2012.

Como dito alhures, a inscrição é ato de formalização, enquanto a filiação surge com a inscrição gerando direitos e obrigações, mas para se atingir o fim social almejado, qual seja a proteção previdenciária, necessária a manutenção da qualidade de segurado.

Como regra geral, a qualidade de segurado é mantida enquanto o segurado filiado ao regime geral estiver adimplindo sua obrigação, qual seja, a de pagar as contribuições previdenciárias.

A ausência do custeio ao regime geral ocasiona a chamada perda da qualidade de segurado, que consiste, portanto, na suspensão das contribuições previdenciárias e na caducidade ao direito de proteção.

Ocorrida a perda da qualidade de segurado, deixa-se de existir do ente autárquico, uma vez que o regime geral de previdência social é administrado pela Autarquia Federal do INSS, a obrigação de garantir a proteção social àquele que se encontra em situação de contingência.

Entretanto, diante da regra do sistema protetivo e da natureza alimentar dos benefícios previdenciários, o legislador, sensível às dificuldades sociais e econômicas, em primazia aos princípios da igualdade e, sobretudo, da dignidade da pessoa humana, estabeleceu regras de transição para manutenção e perda da qualidade de segurado quando vislumbrada a ausência de contribuições previdenciárias.

As regras para manutenção, perda e reaquisição da qualidade de segurado encontram-se previstas no artigo 15 da Lei n. 8.213/91, assim redigido:

> Art. 15. Mantém a qualidade de segurado, independentemente de contribuições: I – sem limite de prazo, quem está em gozo de benefício; II – até 12 (doze) meses após a cessação das contribuições, o segurado que deixar de exercer atividade remunerada abrangida pela Previdência Social ou estiver suspenso ou licenciado sem remuneração; III – até 12 (doze) meses após cessar a segregação, o segurado acometido de doença de segregação compulsória; IV – até 12 (doze) meses após o livramento, o segurado retido ou recluso; V – até 3 (três) meses após o licenciamento, o segurado incorporado às Forças Armadas para prestar serviço militar; VI – até 6 (seis) meses após a cessação das contribuições, o segurado facultativo.

O supracitado dispositivo traz, ainda, em seus parágrafos, regras específicas atinentes aos prazos de prorrogação previstos nos incisos para as hipóteses do segurado possuir mais de 120 contribuições sem perda da qualidade de segurado e quando restar devidamente comprovada a situação de desemprego, mediante registro no órgão próprio do Ministério do Trabalho e Previdência Social[3] ou ainda estiver em gozo de benefício.

---

(3) A Súmula 27 da TNU dos Juizados Especiais Federais firmou o seguinte entendimento: "A ausência de registro em órgão do Ministério do Trabalho não impede a comprovação do desemprego por outros meios admitidos em direito". Já o STJ, em recente julgado, decidiu que: "(...) 2. Para se beneficiar do acréscimo elencado no § 2º do citado dispositivo, que acrescenta 12 (doze) meses ao mencionado período, é indispensável que os segurado comprove sua situação de desemprego perante órgão próprio do Ministério do Trabalho e da Previdência Social. 3. Tendo o ex-segurado recebido o benefício de seguro-desemprego, que, por sua vez, tem a finalidade de promover a assistência financeira temporária do trabalhador desempregado, sendo proposto e processado perante os Postos do Ministério do Trabalho e Emprego, atende ao comando legal de registro da situação de desemprego no órgão competente (...)" (AgrDREsp 200200638697, 6ª Turma, Rel. Min. Maria Thereza de Assis Moura, DJe 6.10.2008).

Importante enfatizar que a perda da qualidade de segurado se dará no dia seguinte ao término do prazo fixado no Plano de Custeio da Previdência Social para recolhimento das contribuições referentes ao mês imediatamente posterior ao do final dos prazos fixados no artigo 15 e seus parágrafos da Lei n. 8.213/91.

Vale lembrar que os períodos em que o segurado ostenta esta qualidade, sem verter contribuições ao sistema previdenciário, é definido como o "período de graça" e garante ao segurado e seu dependente cobertura total diante de qualquer infortúnio.

Importante enfatizar, portanto, que, ocorrida a perda da qualidade de segurado em decorrência da suspensão das contribuições ou término do período de graça, resta inviabilizado qualquer tipo de proteção previdenciária ante a ausência do custeio.

Todavia, em primazia ao princípio do direito adquirido, o artigo 102 da lei de planos de benefícios esclarece que:

> A perda da qualidade de segurado importa em caducidade dos direitos inerentes a essa qualidade. §1º A perda da qualidade de segurado não prejudica o direito à aposentadoria para cuja concessão tenham sido preenchidos todos os requisitos, segundo a legislação em vigor à época em que estes requisitos foram atendidos.

Nota-se que o texto da lei ressalta a caducidade de direitos diante da ocorrência da perda da qualidade de segurado, porém resguarda o direito adquirido ante o preenchimento dos requisitos legais garantidores do direito de concessão aos benefícios previdenciários.

Os dependentes do regime geral encontram-se definidos no artigo 16 da Lei n. 8.213/91 e, assim como os segurados, também são considerados sujeitos ativos da relação jurídica previdenciária.

O texto da lei, em sua redação original, define quem são os dependentes:

> Art. 16. São beneficiários do Regime Geral de Previdência Social, na condição de dependentes do segurado: I – o cônjuge, a companheira, o companheiro e o filho, de qualquer condição, menos de 21 (vinte e um) anos ou inválido; II – os pais; III – o irmão, de qualquer condição, menor de 21 (vinte e um) anos ou inválido; IV – a pessoa designada, menor de 21 (vinte e um) anos ou maior de 60 (sessenta) anos ou inválida.

Após publicação da Lei n. 9.032/95, os incisos I e III do supracitado artigo tiveram sua redação alterada, enquanto o inciso IV deixou de existir:

(...) I – o cônjuge, a companheira, o companheiro e o filho não emancipado, de qualquer condição, menor de 21 (vinte e um) anos ou inválido; (...) III – o irmão não emancipado, de qualquer condição, menor de 21 (vinte e um) anos ou inválido.

Ressalta-se que, a partir de 1995, com a publicação da Lei n. 9.032, o inciso IV deixa de existir no ordenamento jurídico[4].

Após nova alteração legislativa decorrente da publicação da Lei n. 12.470/2011, o mesmo artigo 16, passa a ter a seguinte redação:

Art. 16 (...)

I - o cônjuge, a companheira, o companheiro e o filho não emancipado, de qualquer condição, menor de 21 (vinte e um) anos ou inválido ou que tenha deficiência intelectual ou mental que o torne absoluta ou relativamente incapaz, assim declarado judicialmente; (...) III - o irmão não emancipado, de qualquer condição, menor de 21 (vinte e um) anos ou inválido ou que tenha deficiência intelectual ou mental que o torne absoluta ou relativamente incapaz, assim declarado judicialmente;

Concernente ao direito à pensão por morte do cônjuge, ressalta-se que legislação civil reconhece como "cônjuge" a pessoa casada. Entretanto, embora o texto da lei não tenha feito menção ao cônjuge separado, o artigo 76, § 2º, da Lei n. 8.213/91 estabelece o direito de concorrência em igualdade de condições se restar evidenciada, na data do óbito, a dependência econômica comprovada por meio do recebimento da pensão alimentícia.

Ocorre, entretanto, que inúmeros questionamentos surgiram e as dúvidas foram dirimidas com a edição da Súmula 336 do STJ: "A mulher que renunciou aos alimentos na separação judicial tem direito à pensão previdenciária por morte do ex-marido, comprovada a necessidade econômica superveniente".

Todavia, atinente aos demais dependentes, vale lembrar que o enteado e o menor sob guarda, desde que declarada esta condição por determinação judicial e que não tenha condições suficientes de prover seu próprio sustento e educação, haja vista serem equiparados a filhos, concorrem em situação de igualdade entre os dependentes da primeira classe. No entanto, é necessário o segurado fazer declaração de dependência perante o INSS em data anterior ao evento, bem como o dependente comprovar que dependia economicamente do instituidor.

---

(4) Súmula 4 da TNU dos Juizados Especiais Federais: "Não há direito adquirido, na condição de dependente, de pessoa designada, quando o falecimento do segurado deu-se após o advento da Lei n. 9.032/95".

Já o menor sob guarda por ordem judicial deixou de receber a proteção previdenciária após o advento da Lei n. 9.528/97, ante o princípio da especialidade que garante à legislação previdenciária, por se tratar de norma de caráter especial, prevalência em face do Estatuto da Criança e do Adolescente, considerado norma de natureza geral.

Ainda analisando a classe de dependentes, importante enfatizar que há uma hierarquia entre elas, sendo considerados como dependentes de primeira classe os filhos e de segunda classe os pais e irmãos. Em favor daqueles que figuram na primeira classe, há uma presunção absoluta da dependência econômica. Já com relação aos dependentes da segunda classe, imprescindível a comprovação de que dependiam economicamente do instituidor falecido ou recluso, já que as hipóteses abordadas também se aplicam ao benefício do auxílio-reclusão.

Aos dependentes de segunda classe, conforme já salientado, para fazerem jus à proteção previdenciária, imprescindível a comprovação da dependência econômica, mediante apresentação dos documentos elencados no artigo 22, § 3º, da lei de benefícios, que não constitui rol taxativo, sem prejuízos de outros meios de provas desde que não vedados pelo ordenamento jurídico.

Ainda em abordagem sobre as regras gerais do sistema previdenciário, importante destacar a definição do que seja carência.

Para Santos (2012, p. 174):

> Sendo o sistema previdenciário de caráter contributivo, é justificável a exigência do cumprimento de carência para a obtenção de determinadas prestações, bem como a dispensa da carência em outras, em razão da necessidade de manutenção do equilíbrio financeiro e atuarial do sistema. A carência tem definição legal (art. 24 do PBPS e art. 26 do RPS): é o numero mínimo de contribuições mensais indispensáveis para que o beneficiário faça jus ao benefício, consideradas a partir do transcurso do primeiro dia dos meses de suas competências. É o período durante o qual o segurado contribui, mas ainda não tem direito a certas prestações. Conta-se o período de carência a partir do transcurso do primeiro dia dos meses de competência das contribuições pagas.

Segundo Castro (2014, p. 525):

> Durante o período de carência, o beneficiário ainda não tem direito à prestação previdenciária. Como se cogita de previdência, isto é, cobertura de danos futuros e incertos, e não de seguridade, que seria a atividade de amparo a qualquer manifestação de necessidade decorrente de risco social, a presença do dano no próprio momento da vinculação distorceria a finalidade do sistema e levaria a Previdência Social a tornar-se uma instituição de caráter assistencial.

A contagem do período de carência encontra-se definida no artigo 28 do Decreto n. 3.048/99, cujas regras serão traduzidas consoante os dizeres de Castro (2014, p. 525/526):

> Para o segurado empregado, trabalhador avulso e contribuinte individual (este a partir de abril de 2003, quando prestar serviços à empresa, que possui a obrigação de retenção e recolhimento): o primeiro dia do mês de filiação ao RGPS, ou seja, desde o primeiro dia do mês em que iniciou a execução de atividade remunerada nesta condição, sendo presumida a contribuição. Para o segurado empregado doméstico, contribuinte individual (observado o disposto no § 4º do art. 26 do Decreto n. 3048/99), especial (este enquanto contribuinte individual na forma do disposto no § 2º do art. 200 do mesmo Decreto), e facultativo, da data do efetivo recolhimento da primeira contribuição sem atraso, não sendo consideradas para esse fim as contribuições recolhidas com atraso referentes a competências anteriores, observado, quanto ao segurado facultativo, o disposto nos §§ 3º e 4º do art. 11 do Decreto n. 3.048/99.

O período de carência para cada benefício previdenciário encontra-se estabelecido no artigo 25 da própria lei de benefícios.

Há, entretanto, algumas hipóteses de infortúnios que dispensam o cumprimento da carência.

Nessa linha de raciocínio, pode-se discorrer, inicialmente, sobre os benefícios da pensão por morte, auxílio-reclusão, salário-família, salário-maternidade das seguradas empregada, doméstica e trabalhadora avulsa, auxílio-doença e aposentadoria por invalidez acidentária, auxílio-acidente, reabilitação profissional e serviço social que dispensam o cumprimento da carência, devendo ser concedidos uma vez comprovada a filiação.

Nos casos de auxílio-doença e aposentadoria por invalidez concedidos em decorrência de acidente de qualquer natureza[5], doença profissional ou do trabalho, bem quando o segurado é acometido por patologias elencadas no inciso II do artigo 26 da lei de benefícios e do inciso III do artigo 30 do Regulamento da Previdência Social (Decreto n. 3.048/99), fica dispensado o cumprimento da carência.

Ao conceituar acidente de qualquer natureza, Castro (2014, p. 531) assim o faz:

> (...) entende-se como acidente de qualquer natureza o que ocorre provocando lesão corporal ou perturbação funcional, com perda ou redução da capacidade laborativa, permanente ou temporária, seja em decorrência do trabalho ou não.

Há as chamadas doenças equiparadas ao acidente do trabalho e também as doenças do trabalho.

Objetivando elencar as similitudes e divergências entre as espécies de doenças, importante enfatizar os dizeres de Eduardo (2003, 76/77):

> Doença profissional: assim entendida a produzida ou desencadeada pelo exercício do trabalho peculiar a determinada atividade e constante da respectiva relação elaborada pelo Ministério do Trabalho e Previdência Social. Veja que a doença profissional é típica do exercício de determinada atividade laborativa, ou seja, existe uma vinculação à causa da doença, que é o exercício daquele tipo de trabalho pelo segurado. Como exemplo, todos os datilografistas, independentemente de onde trabalhem, se não tomarem as devidas precauções, sofrerão de lesão de esforço repetitivo – LER, nas mãos. Doença do trabalho: adquirida ou desencadeada em função de condições especiais em que o trabalho é realizado e com ele se relacione diretamente, constante, também, da relação mencionada anteriormente. Já a doença do trabalho é atípica do exercício de determinada atividade, entretanto foi desenvolvida em função das condições especiais de trabalho. Assim, por serem atípicas, elas necessitam da comprovação da vinculação da causa da doença com o exercício do trabalho

---

(5) Art. 30, parágrafo único, do Decreto n. 3.048/99: "Entende-se por acidente de qualquer natureza ou causa aquele de origem traumática e por exposição a agentes exógenos (físicos, químicos e biológicos), que acarrete lesão corporal ou perturbação funcional que cause a morte, a perda ou a redução permanente ou temporária da capacidade laborativa".

sob condições específicas. Como é o caso de trabalhadores de uma mineração que executem suas atividades diretamente na mina. Neste caso não terá importância a profissão do trabalhador, pode ser ele um engenheiro de minas, um operador de máquinas ou o auxiliar de operações.

Eduardo (2003, p. 77) continua, ensinamento que:

> Não são consideradas como doença do trabalho: a doença degenerativa; a inerente a grupo etário; a que não produza incapacidade laborativa; a doença endêmica adquirida por segurado habitante de região em que ela se desenvolva, salvo comprovação de que é resultante de exposição ou contato direto determinado pela natureza do trabalho.

De acordo com a redação atual do dispositivo 151, da Lei de Beneficio (8.213/91), dada pela Lei 13.135/2015:

> Até que seja elaborada a lista de doenças mencionada no inciso II do art. 26, independe de carência a concessão de auxílio-doença e de aposentadoria por invalidez ao segurado que, após filiar-se ao RGPS, for acometido das seguintes doenças: tuberculose ativa, hanseníase, alienação mental, esclerose múltipla, hepatopatia grave, neoplasia maligna, cegueira, paralisia irreversível e incapacitante, cardiopatia grave, doença de Parkinson, espondiloartrose anquilosante, nefropatia grave, estado avançado da doença de Paget (osteíte deformante), síndrome da deficiência imunológica adquirida (aids) ou contaminação por radiação, com base em conclusão da medicina especializada.

Atinente ao tema, encontra-se em vigor a Portaria Interministerial MPAS/MS n. 2.998, de 23 de agosto de 2001, que traz um rol exemplificativo de doenças e afecções que isentam de carência o segurado que, acometido, buscar a proteção previdenciária, para fins de concessão dos benefícios por incapacidade. São elas:

> Art. 1º As doenças ou afecções abaixo indicadas excluem a exigência de carência para a concessão de auxílio-doença ou de aposentadoria por invalidez aos segurados do Regime Geral de Previdência Social - RGPS: I - tuberculose ativa; II - hanseníase; III- alienação mental; IV- neoplasia maligna; V - cegueira VI - paralisia irreversível e incapacitante; VII- cardiopatia grave; VIII - doença de Parkinson; IX - espondiloartrose anquilosante; X - nefropatia grave; XI - estado avançado da doença de Paget (osteíte deformante); XII - síndrome da deficiência imunológica adquirida - Aids; XIII - contaminação por radiação, com base em conclusão da medicina especializada; e XIV - hepatopatia grave.

Para os segurados especiais, assim definidos no artigo 11, inciso VII, da Lei n. 8.213/91, para concessão dos benefícios previstos no artigo 39 do referido diploma legal, no valor de 1 (um) salário mínimo, também será dispensado o cumprimento da carência, bastando tão somente a comprovação da atividade rural em números de meses equivalentes à carência do benefício requerido.

Já em favor das seguradas empregadas, trabalhadoras avulsas e empregadas domésticas, vigora a presunção de que seu ingresso no regime previdenciário é revestido de ânimo definitivo, motivo pelo qual a concessão do salário-maternidade isenta referidas trabalhadoras do cumprimento da carência.

Cita-se, ainda, como hipóteses de isenção da carência os chamados serviços previdenciários: serviço social e reabilitação profissional.

Capítulo 5

CONTRATO DE TRABALHO

Nesse capítulo, far-se-á necessário distinguir relação de trabalho de relação de emprego, bem como estabelecer quem são os sujeitos, os requisitos e a natureza jurídica das diversas relações de trabalho em suas peculiaridades.

A espécie relação de emprego encontra-se prevista no artigo 3º da CLT, sendo partes: empregado e empregador, cujas relações ou vínculos jurídicos são passíveis de proteção pela Justiça do Trabalho.

Portanto, existentes na relação de emprego a pessoalidade, habitualidade, subordinação e remuneração, caracterizada estará a relação de trabalho tutelada pela CLT e legislação complementar, a qual será objeto deste estudo.

5.1 Distinção entre Relação de Trabalho e Relação de Emprego

Importante enfatizar que relação de trabalho não é o mesmo que relação de emprego, pois aquela é gênero do qual relação de emprego é espécie, haja vista que os requisitos para relação de emprego são específicos.

Segundo Renato Saraiva (2009, p. 69):

> Relação de trabalho corresponde a qualquer vínculo jurídico por meio do qual uma pessoa natural executa obra ou serviços para outrem, mediante o pagamento de uma contraprestação. Podemos afirmar que a relação de trabalho é gênero da qual a relação de emprego é uma espécie. Em outras palavras, podemos afirmar que toda a relação de emprego corresponde a uma relação de trabalho, mas nem toda relação de trabalho corresponde a uma relação de emprego.

Para Carla Teresa Martins Romar (2010, p. 9):

> A relação de emprego é a relação jurídica que tem como fato social original o trabalho humano não eventual e subordinado, prestado com pessoalidade, mediante remuneração e

que tem como disciplina jurídica o conjunto de normas que compõem o direito do trabalho. Na relação de emprego, o vinculo jurídico é estabelecido entre empregado e empregador e é regulado pelas normas jurídicas trabalhistas.

Segundo Gustavo Filipe Barbosa Garcia (2007, p. 98):

> Pode-se dizer que a relação de trabalho é um gênero, que tem como uma de suas espécies a relação de emprego. Outras modalidades de relação de trabalho são, por exemplo, o trabalho eventual, autônomo, avulso e voluntário. Logo, na realidade, seria mais precisa a expressão contrato de emprego, correspondendo à relação de emprego. Mesmo assim, a expressão contrato de trabalho encontra-se consagrada não só na doutrina e na jurisprudência, como na própria legislação, significando o vinculo de emprego. Nesse sentido tem-se a disposição do art. 442 da CLT: "Contrato individual de trabalho é o acordo tácito ou expresso, correspondente à relação de emprego".

Conforme os conceitos abordados, pode-se observar que a relação de trabalho é gênero e a relação de emprego uma de suas espécies.

Das diversas espécies de relações de trabalho, pode-se citar aquelas relativas ao trabalho autônomo, eventual, temporário, avulso e portuário, voluntário, o estagiário, as cooperativas de mão de obra e a terceirização de serviços.

O trabalho autônomo pode ser destacado como aquele desenvolvido por conta própria, sem subordinação e exercido de maneira independente, sem qualquer vinculação ao empregador, tampouco sujeito ao controle de jornada e ordens de trabalho.

Nos dizeres de Romar (2010, p. 12):

> Considera-se autônomo o prestador de serviços que desenvolve sua atividade sem estar subordinado a horário, livre de fiscalização do destinatário dos serviços e, eventualmente, com auxílio de terceiros. O autônomo tem ampla liberdade quanto à forma e ao modo de execução dos serviços, estabelece o preço dos serviços e assume os riscos do empreendimento.

O trabalho eventual é aquele exercido de forma descontínua e esporádica, em que o trabalhador presta serviços eventuais de curta duração para diversos tomadores de serviço, porém sem habitualidade ou continuidade.

Quanto ao trabalho temporário, encontra-se disciplinado pela Lei n. 6.019/74 e decorre de uma relação triangular entre empresa tomadora do serviço, empresa de trabalho temporário e o trabalhador. No trabalho temporário há uma intermediação de mão de obra, sendo a relação jurídica entre a empresa de trabalho temporário e a tomadora de serviços (ou clientes) é de natureza civilista.

Todavia, atinente à relação jurídica entre o trabalhador temporário e a empresa de trabalho temporário, Romar (2010, p. 13) defende que:

> No que tange à relação entre o trabalhador temporário e a empresa de trabalho temporário, embora haja uma certa divergência na doutrina, a mesma é majoritariamente considerada relação de emprego, sob o argumento de que há previsão expressa da lei de que existe contrato de trabalho entre as partes. O trabalho temporário somente é admitido nas seguintes hipóteses (art. 2º): a) necessidade transitória de substituição do pessoal regular e permanente do tomador dos serviços (ex: empregado está em licença médica por dois meses; nesse período, é contratado um trabalhador temporário para o exercício da função); ou, b) acréscimo extraordinário de serviços (ex: empresa recebe, excepcionalmente, encomenda muito grande e para atendê-la contrata trabalhador temporário).

Uma característica marcante da relação de trabalho temporário é a colocação pela empresa tomadora de serviço de profissionais qualificados sempre que houver acréscimo extraordinário de serviço ou diante da necessária substituição temporária de pessoal regular e permanente, nos termos da legislação de regência.

Já o trabalho avulso, regido pela Lei n. 8.630/93, deve ser exercido por um órgão gestor de mão de obra, portanto intermediado por uma entidade específica, o que faz com que a relação jurídica seja triangular, pois envolve o fornecedor da mão de obra, o trabalhador avulso e o tomador do serviço.

Importante esclarecer que o trabalho avulso pode ser desenvolvido em diversas atividades específicas. Entretanto, no Brasil, trata-se de uma modalidade de trabalho exercida nos portos, motivo pelo qual os tomadores de serviços são: navios, armazéns, empresas importadoras e exportadoras e operadores portuários em geral.

A Lei n. 8.630/93 classifica como trabalhadores avulsos os operadores de carga e descarga, consertadores e conferentes de cargas e descarga, arrumadores, vigias portuários, ensacadores e os classificadores de frutas, além de conferir ao órgão gestor de mão de obra o dever de arrecadar e fiscalizar os valores devidos pelos operadores portuários, referentes à remuneração e aos encargos dos trabalhadores avulsos, bem como a responsabilidade solidária entre o órgão gestor e os operadores portuários por todos os direitos garantidores constitucionalmente ao trabalhador avulso.

O trabalho voluntário é aquele prestado por qualquer pessoa física a entidade pública ou instituição privada, sem qualquer fim lucrativo.

Segundo lição de Romar (2010, p. 16):

> O trabalhador voluntário presta serviços com intenção ou ânimo de caridade de benemerência, e não espera uma retribuição pecuniária pelo trabalho. Ao contrario, o trabalhador tem intenção, ânimo de trabalhar de forma graciosa, fundado em motivos de convicção pessoal, inexistindo qualquer expectativa por parte dele em receber um salário pelo trabalho executado.

Já o estagiário desenvolve um trabalho educativo e supervisionado, cujo objetivo é prepará-lo para um trabalho produtivo, visando primordialmente a complementação do estudo teórico recebido nas escolas com a experiência prática.

Para o estágio devem ser obedecidas algumas regras, entre as quais:

> (...) A jornada será definida em comum acordo entre o educando, instituição de ensino e parte concedente do estágio, não podendo ultrapassar: a) 4 (quatro) horas diárias e 20 (vinte) horas semanais, no caso de estudantes de educação especial e dos anos finais do ensino fundamental; b) 6 (seis) horas diárias e 30 (trinta) horas semanais, no caso de estudantes de ensino superior e ensino médio regular; o estágio relativo a cursos que alternam a teoria e prática, nos períodos em que não estão programadas aulas presenciais, poderá ter jornada de até 40 (quarenta) horas semanais, desde que previsto no projeto pedagógico do curso e da instituição de ensino; a duração do estágio, na mesma parte concedente, não poderá exceder de 02 (dois) anos, salvo no caso de portador de deficiência (art. 11); o estagiário poderá receber bolsa ou outra forma de contraprestação que venha a ser acordada, sendo compulsória a sua concessão, bem como o auxílio transporte, na hipótese de estagio não obrigatório, não caracterizando tal concessão como vínculo de emprego (art. 12, § 1º). Poderá o educando inscrever-se e contribuir como segurado facultativo do regime geral de previdência social (art. 12, § 2º); é assegurado ao estagiário, sempre que o estágio tenha duração igual ou superior a 01 (um) ano, período de recesso de 30 (trinta) dias, a ser gozado, preferencialmente, durante suas férias. Quanto o estagiário receber bolsa, o recesso deverá ser remunerado. Caso a duração do estágio seja inferior a 01 (um) ano, os dias de recesso serão concedidos de

maneira proporcional; aplica-se ao estagiário a legislação relacionada à saúde e segurança no trabalho, sendo sua implementação de responsabilidade da parte concedente do estágio (art. 14); o número máximo de estagiários em relação ao quadro de pessoal das entidades concedentes de estágio deverá atender às seguintes proporções (art. 17): a) de 1 (um) a 5 (cinco) empregados: 1 (um) estagiário; b) de 6 (seis) a 10 (dez) empregados: até 2 (dois) estagiários; c) de 11 (onze) a 25 (vinte e cinco) empregados até 5 (cinco) estagiários; d) acima de 25 (vinte e cinco) empregados: até 20% (vinte por cento) de estagiários (a proporção acima não se aplica aos estágios de nível superior e de nível médio profissional); o art. 17, § 5º da Lei n. 11.788/2008 assegurou às pessoas portadoras de deficiência o percentual de 10% (dez por cento) das vagas oferecidas pela parte concedente do estágio (SARAIVA, 2009, p. 72/73).

As cooperativas de mão de obra são regidas pela Lei n. 5.764/71 e encontram-se definidas, constitucionalmente, no título que trata da ordem econômica e financeira.

As sociedades cooperativas encontram-se regidas pela lei supracitada além de estarem regulamentadas na CLT, no artigo 442.

Sabendo-se que na sociedade cooperativa as pessoas é que se obrigam a, reciprocamente, contribuir com bens ou serviços para o exercício de uma determinada atividade econômica, de proveito comum, porém sem fim lucrativo, não há que se falar em relação de emprego.

Todavia, se constatado que o objetivo da cooperativa é tão somente fraudar as relações de trabalho, pois evidenciadas as características da relação de trabalho, todas as contratações serão nulas, nos termos do artigo 9º da CLT.

Por derradeiro, os serviços terceirizados decorrem da contratação de trabalhadores por interposta pessoa, ou seja,"(...) o serviço é prestado através de uma relação triangular da qual fazem parte o trabalhador, a empresa terceirizante e a tomadora dos serviços" (ROMAR, 2010, p. 18).

Romar (2010, p. 18) assim continua: "O trabalhador presta serviços para a tomadora, mas sempre por intermédio da empresa terceirizante, não havendo contratação direta neste caso. Trata-se, portanto, de uma subcontratação de mão de obra".

Atinente à terceirização, a Súmula 331 do TST dispõe que:

I – A contratação de trabalhadores por empresa interposta é ilegal, formando-se o vínculo diretamente com o tomador dos serviços, salvo no caso de trabalho temporário (Lei n. 6.019, de 3.1.1974).

II – A contratação irregular de trabalhador mediante empresa interposta, não gera vínculo de emprego com os órgãos da Administração Pública direta, indireta ou fundacional (art. 37, II, da Constituição da República).

III – Não forma vínculo de emprego com o tomador a contratação de serviços de vigilância (Lei n. 7.102, de 20.06.1.983) e de conservação e limpeza, bem como a de serviços especializados ligados à atividade-meio do tomador, desde que inexistente a pessoalidade e subordinação direta.

IV – O inadimplemento das obrigações trabalhistas, por parte do empregador, implica a responsabilidade subsidiária do tomador dos serviços quanto àquelas obrigações, inclusive quanto aos órgãos da administração direta, das autarquias, das fundações públicas, das empresas públicas e das sociedades de economia mista, desde que hajam participado da relação processual e constem também do título executivo judicial (art. 71 da Lei n. 8.666/93).

Segundo lição de Romar (2010, p. 19), as conclusões sobre a terceirização são:

> É lícita a terceirização em atividades-meio da tomadora de serviços; A terceirização é ilícita quando realizada nas atividades-fim da empresa, salvo nas hipóteses de contratação de trabalho temporário; A terceirização em atividade-meio não gera vínculo de emprego com o tomador de serviços, salvo se o mesmo exigir pessoalidade e subordinar o trabalhador; A terceirização em atividade-fim gera o vínculo de emprego com o tomador de serviços, salvo se o mesmo exigir pessoalidade e subordinar o trabalhador;

> A terceirização em atividade-fim gera o vínculo de emprego diretamente com o tomador dos serviços, salvo no caso de ser o tomador órgão da administração pública direta, indireta ou fundacional, tendo em vista que a investidura em emprego público somente pode se dar mediante aprovação em concurso; Tratando-se de terceirização lícita não há que se falar em formação de vínculo de emprego com o tomador de serviço. No entanto, visando garantir aos empregados de empresas prestadoras de serviço o integral cumprimento de seus direitos trabalhistas, é estabelecida a responsabilidade subsidiária do tomador dos serviços em relação aos mesmos em caso de inadimplemento por parte do prestador.

Considerando o que foi apresentado até o momento e o que vem adiante, constata-se que a relação de emprego é diferenciada em virtude dos seus requisitos.

5.1.1 Sujeitos

São considerados como sujeitos da relação de emprego o empregado e o empregador.

Para definir quem são os empregados da relação de emprego, o artigo 3º da CLT assim esclarece: "empregado é toda pessoa física que presta serviços de natureza não eventual a empregador, sob a dependência deste e mediante salário".

A partir da definição do texto legal, pode-se extrair as características para se definir o empregado: pessoa física, pessoalidade, não eventualidade, onerosidade e subordinação.

Para Sérgio Pinto Martins (2010, p. 137): "empregado poderia ser considerado, num sentido amplo, o que está pregado na empresa, o que é por ela utilizado".

Assim, para ser empregado, como primeiro requisito, deve ser pessoa física, ante a impossibilidade de ser empregado pessoa jurídica cujos serviços prestados são regulados e tutelados pelo Direito Civil.

Como segundo requisito, tem-se o caráter não eventual da prestação do serviço, haja vista que o trabalho deve ser de natureza contínua, pois se trata de contrato de trato sucessivo, cuja prestação não se exaure em uma única prestação de serviço, mas sim na habitualidade e regularidade da prestação. Por isso, pode-se dizer que o contrato de trabalho é habitual e contínuo.

O terceiro requisito refere-se à subordinação, que consiste na submissão ou sujeição do empregado às ordens do empregador para execução do contrato de trabalho. Frisa-se que a submissão e/ou a obrigação de cumprir as ordens do empregador não se confunde com escravidão ou servidão, uma vez que a subordinação está vinculada às regras do contrato de trabalho.

Para Martins (2010, p. 138):

> Subordinação é a obrigação que o empregado tem de cumprir as ordens determinadas pelo empregador em decorrência do contrato de trabalho. É o objeto do contrato de trabalho. Distingue-se a subordinação da coordenação, pois esta implica um objetivo comum das partes, que pode não existir na primeira. Na coordenação, geralmente existe autonomia.

Supondo-se que o contrato de trabalho fosse uma moeda. O empregado vê um lado da moeda como subordinação, enquanto o empregador enxerga o outro lado da moeda como poder de direção. A subordinação é o aspecto da relação de emprego visto pelo lado do empregado, enquanto o poder de direção é a mesma acepção vista pela óptica do empregador.

O contrato de trabalho também possui como característica a onerosidade, haja vista não existir contrato de trabalho gratuito. Significa dizer que havendo prestação de serviço haverá a contraprestação que será a remuneração; a ausência de pagamento descaracteriza o vínculo de emprego.

Outro requisito refere-se à pessoalidade, uma vez que o contrato de trabalho tem natureza personalíssima, ou seja, será sempre realizado por uma determinada pessoa, pelo empregado da relação de emprego. Ora, se o trabalhador fizer-se substituir por outrem, não há que se falar em relação de trabalho, ante a inexistência do elemento da pessoalidade.

Tem-se várias espécies de trabalhadores/empregados, cada qual com suas especificações.

O empregado em domicílio é aquele que presta serviços em local diferente da sede do empregador. Ensina Martins (2010, p. 144) que: "a expressão trabalho em domicílio refere-se tanto ao trabalho realizado na casa do empregado, em sua habitação ou moradia, mas também domicílio legal (...)".

Observa-se que no trabalho em domicílio há uma relativização do requisito da subordinação, haja vista ser menos intensa, ante a liberdade facultada ao empregado.

Entretanto, importante ressaltar que o trabalho em domicílio se difere do trabalho autônomo, pois neste não há subordinação, mas sim autonomia na prestação do serviço, enquanto naquele a subordinação, embora relativizada, uma vez que o trabalho não é prestado na sede do empregador, pode decorrer da imposição de metas como medida para controle da produção do obreiro.

O empregado aprendiz é aquele entre 14 e 24 anos, que estará submetido a processo de aprendizagem. Como característica, tem-se um contrato por prazo determinado com natureza nitidamente discente.

O empregado doméstico, por sua vez, passou a ser previsto a partir da publicação do Decreto-Lei n. 3.078/41. Todavia, foi com a Lei n. 5.859/72, regulamentada pelo Decreto n. 71.885/73, que o empregado doméstico passou a ter regramentos específicos.

O artigo 1º da supracitada lei conceituou o empregado doméstico como: "aquele que presta serviços de natureza contínua e de finalidade não lucrativa a pessoa ou família, no âmbito residencial destas" (MARTINS, 2010, p. 146).

Importante frisar, atinente à expressão "âmbito residencial", as hipóteses de trabalhadores que prestam serviços externamente e que são também considerados empregados domésticos, citando, como exemplo, o motorista particular.

O contrato de trabalho do empregado doméstico, assim como dos demais, é de natureza personalíssima.

Passível também de distinção os trabalhos prestados por pessoas que vivem em ambientes rurais, sendo necessário distinguir a finalidade do imóvel, se para lazer ou com fins lucrativos, pois, neste caso, estar-se-á diante de trabalhador rural, regido pela CLT, e não trabalhador doméstico, cuja prestação de serviço, embora seja de natureza contínua, não possui finalidade lucrativa.

Sobre o empregado rural, pode-se enfatizar como toda "pessoa física que, em propriedade rural ou prédio rústico, presta serviços com continuidade a empregador rural, mediante dependência e salário (art. 2º, da Lei n. 5.889/73)" (MARTINS, 2010, p. 149).

As regras do contrato de trabalhado, envolvendo empregado rural, são regidas pela Lei n. 5.889/73, não se aplicando, portanto, a CLT, exceto se houver determinação em sentido contrário.

O empregado rural, a partir da Constituição Federal de 1988, se igualou em direitos e obrigações perante o trabalhador urbano. A distinção entre eles dar-se-á pela atividade econômica do empregador, se de natureza rural ou urbana.

O contrato de trabalho do empregado rural, possui as mesmas características dos demais: deve ser prestado por pessoa física, mediante pessoalidade, continuidade, subordinação e onerosidade.

O empregado público é o funcionário da União, dos Estados e Municípios, das Autarquias e Fundações, cujos contratos de trabalho são regidos pela CLT, exceto nas hipóteses em que haja um regime jurídico específico, cuja submissão será à Lei n. 8.112/90.

Para o cargo de diretor de sociedade, há muitas discussões na doutrina e jurisprudência atinente à natureza jurídica do contrato de trabalho.

Há quem defenda tratar-se de trabalhador subordinado, hipótese em que mantém-se a relação de emprego e o tempo de serviço é computado para todos os fins legais; por outro lado, há quem sustente que o diretor de sociedade exerce cargo de confiança, hipótese em que se aplicaria o artigo 499 da CLT.

O TST defende que o fato de o empregado ter sido elevado à condição de diretor da empresa não retira dele sua condição de empregado, exceto se restar evidenciado que ele tornou-se sócio-cotista ou tem um capital vultuoso, alterando sua condição perante o quadro societário.

O STF, por sua vez, sustenta que:

> O contrato de trabalho fica interrompido, computando-se o tempo de serviço no cargo de diretor para todos os efeitos legais. Seria a hipótese de se aplicar o art. 499 da CLT, em que não há estabilidade no exercício de cargo de diretoria, ressalvado o computo do tempo de serviço, para todos os efeitos legais (MARTINS, 2010, p. 152).

Segundo entendimento firmado por Martins (2010, p. 155):

> Prestando o diretor serviços para uma sociedade limitada, o vínculo de emprego pode existir entre as partes, mormente quando o diretor não tem qualquer cota da sociedade ou tem um numero reduzido delas, que não implique possibilidade de influir nos destinos da empresa. Mesmo quando o diretor possui procuração da empresa, podendo admitir e dispensar funcionários, tendo padrão mais elevado de vencimentos, mas ainda é subordinado a alguém na empresa, existe o vínculo empregatício. Apenas o empregado não teria direito a horas extras, caso as prestasse, segundo o inciso II do art. 62 da CLT. Assim, o nome dado ao cargo pouco importa. Se a empresa rotula o empregado de diretor, mas permanece algum elemento do contrato de trabalho, principalmente a subordinação, nada irá mudar sua situação de empregado.

Por sua vez, o trabalhador temporário encontra-se definido na Lei n. 6.019/74, cujo conceito é:

> O trabalhador temporário é a pessoa física contratada por empresa de trabalho temporário, para prestação de serviço destinado a atender à necessidade transitória de substituição de pessoal regular e permanente ou a acréscimo extraordinário de tarefas de outras empresas (MARTINS, 2010, p. 156).

Pode-se concluir, então, que o trabalhador temporário é aquela pessoa contratada pela empresa temporária, de natureza urbana, mediante subordinação e remuneração, para prestar serviços ao tomador ou cliente, mediante contrato determinado.

O objetivo do contrato temporário é atender a necessidade transitória da empresa tomadora ou suprir acréscimo extraordinário de tarefas.

O empregado temporário não se confunde com o empregado contratado por prazo determinado, haja vista que este presta serviço dentro da própria empresa contratante, enquanto aquele é contratado por uma empresa e presta serviços em outra. Desse modo, a semelhança entre ambos é apenas com relação à forma do contrato, que é de natureza temporária/determinada.

Já o trabalhador autônomo, como o próprio nome diz, trabalha com autonomia, não tendo o requisito da subordinação. É toda pessoa física que presta serviço por conta própria, com ou sem finalidade lucrativa, uma vez que assume o risco da sua atividade econômica.

Todavia, constituem características do trabalho autônomo a continuidade e a habitualidade.

O trabalhador eventual, previsto na alínea "g" do inciso V do art. 12 da Lei n. 8.212/91, é aquele que: "presta serviço de natureza urbana ou rural em caráter eventual, a uma ou mais empresas, sem relação de emprego".

Portanto, eventualidade consiste em não continuidade, o que significa dizer que o trabalho eventual é aquele prestado com ausência de continuidade na execução, ou seja, de forma esporádica, razão pela qual inexiste relação de emprego.

O trabalhador avulso, em um primeiro momento, foi definido pela Portaria n. 3.107/71:

> Endente-se como trabalhador avulso, no âmbito do sistema geral da previdência social, todo trabalhador sem vínculo empregatício que, sindicalizado ou não,

tenha a concessão de direitos de natureza trabalhista executada por intermédio da respectiva entidade de classe.

Em meados de 1973, com a edição da Lei n. 5.890, o trabalhador avulso passou a integrar o rol de segurados da Previdência Social na condição de autônomo.

O Decreto n. 89.312/84, por sua vez, em seu artigo 5º, esclareceu que avulso é "quem presta serviço a diversas empresas, pertencendo ou não a sindicato, inclusive o estivador, conferente ou semelhado".

Entretanto, foi com a publicação da Lei 8.212/91, artigo 12, inciso VI, regulamentada pelo Decreto n. 3.048/99, artigo 9º, inciso VI, que restou definida a conceituação de trabalhador avulso:

> É aquele que, sindicalizado ou não, presta serviços de natureza urbana ou rural, sem vínculo empregatício, a diversas empresas, com intermediação obrigatória do sindicato da categoria ou do órgão gestor de mão de obra.

Segundo ensinamentos de Martins (2010, p. 166), são características do avulso:

> A liberdade na prestação do serviço, pois não tem vínculo nem com o sindicato, muito menos com as empresas tomadoras de serviço; há a possibilidade da prestação de serviços a mais de uma empresa, como na prática ocorre; o sindicato ou o órgão gestor de mão de obra fazem a intermediação da mão de obra, colocando os trabalhadores onde é necessário o serviço, cobrando posteriormente um valor pelos serviços prestados, já incluindo os direitos trabalhistas e os encargos previdenciários e fiscais, e fazendo o rateio entre as pessoas que participaram da prestação de serviços; o curto período em que o serviço é prestado ao beneficiário.

Como regra geral, o trabalho do avulso deve ser requisitado ao órgão gestor de mão de obra, consoante preceitua o artigo 1º da Lei n. 9.719/98.

Atinente aos estagiários, dispõe o artigo 1º da Lei n. 11.788/2008 que o estágio:

> É ato educativo escolar supervisionado, desenvolvido no ambiente do trabalho, que visa à preparação para o trabalho produtivo de educandos que estejam frequentando o ensino regular em instituições de educação superior, de educação profissional, de ensino médio, da educação especial e dos anos finais do ensino fundamental, na modalidade profissional da educação de jovens e adultos.

Portanto, os estagiários não são empregados, sendo as regras do estágio definidas pela Lei n. 11.788/2008.

O trabalhador voluntário é aquele que presta serviços por solidariedade à pessoas ou à sociedade, de maneira espontânea e sem finalidade lucrativa/pecuniária.

O trabalho voluntário encontra-se regido pela Lei n. 9.608/98 e é definido no artigo 1º como:

> A atividade não remunerada prestada por pessoa física a entidade pública de qualquer natureza, ou a instituição privada sem fins lucrativos, que tenha objetivos cívicos, culturais, educacionais, científicos, recreativos ou de assistência social, inclusive mutualidade.

Como característica do trabalho voluntário tem-se a adesão, uma vez que a natureza da prestação dos serviços voluntários é contratual.

Também como sujeito da relação de emprego tem-se a figura do empregador.

Segundo conceito contido no artigo 2º da CLT, é considerado empregador "a empresa, individual ou coletiva, que, assumindo os riscos da atividade econômica, admite, assalaria e dirige a prestação pessoal de serviços". O parágrafo 1º do referido dispositivo acrescenta que equipara-se ao empregador "para os efeitos da relação de emprego, os profissionais liberais, as instituições de beneficência, as associações recreativas ou outras instituições sem fins lucrativos, que admitirem trabalhadores como empregados".

Para Romar (2010, p. 20):

> Empregador é o tomador dos serviços; aquele que contrata o trabalho prestado de forma pessoal, subordinada, contínua e mediante remuneração pelo empregado. A noção de empregador está essencialmente relacionada ao conceito de empregado, ou seja, se de um lado dos polos da relação jurídica existir trabalho prestado por alguém com pessoalidade, não eventualidade, subordinação e remuneração, do outro lado haverá um empregador. Portanto, o empregador: pode ser pessoa física ou jurídica; pode ter ou não finalidade lucrativa; assume os riscos da atividade econômica (alteridade); exerce o poder de direção, subordinando o empregado às suas ordens; é responsável pelo pagamento dos salários e pelo cumprimento de todos os direitos do empregado estabelecidos pelas normas trabalhistas.

Como característica inerente à figura do empregador, tem-se o poder de direção, que consiste na faculdade de se determinar as atividades que deverão ser exercidas pelo empregado, bem como definir as condições e regras a serem cumpridas, objetivando o atendimento aos interesses da empresa e, também, o poder de controle e o disciplinar, os quais decorrem do dever de fiscalização e imposição de sanções nas hipóteses de descumprimento das obrigações contratuais.

Ensina Martins (2010, p. 196) que, segundo conceituação trazida pela CLT, "empregador é empresa". Entretanto, não se pode olvidar que empregador também pode ser a pessoa física que explore individualmente seu comércio e/ou atividade econômica, sendo conhecido como empresa individual ou microempresa.

Assim, empregador é toda pessoa física ou jurídica que, individual ou coletivamente, explore atividade empresarial, assumindo os riscos econômicos.

5.1.2 Requisitos

Como requisitos da relação de emprego, têm-se: prestação de serviço por pessoa física, pessoalidade, continuidade, subordinação e onerosidade.

Como dito alhures, para a verificação do vínculo de emprego, imprescindível observar se prestado por pessoa física, haja vista que empregado sempre será pessoa física, não sendo possível ser pessoa jurídica ou animal; a prestação de serviço deve ser pessoal, ou seja, o empregado não pode fazer-se substituir por terceiros, sendo característica do contrato de trabalho ser *intuitu personae*; deve ser contínuo o serviço prestado; o empregado está subordinado ao poder de direção, de controle e ao poder disciplinar do empregador; e como contraprestação do serviço têm-se a remuneração, uma vez que o trabalhador presta serviços com a finalidade de receber salário.

Importante frisar que não constitui requisito essencial da relação de emprego a exclusividade, pois é permissível que o empregado tenha mais de um trabalho/emprego, objetivando aumentar sua renda, o que vai ao encontro da legislação vigente.

5.1.3 Natureza jurídica

Relativamente à natureza jurídica da relação de emprego e a vinculação entre os seus sujeitos, a doutrina diverge.

A fim de elucidar as várias teorias sobre o tema, dar-se-á destaque aos ensinamentos de Garcia (2007, p. 100), que assim leciona:

> A teoria da relação de trabalho defende que a existência do vínculo trabalhista não exige pactuação ou manifestação da vontade neste sentido, bastando a ocorrência (objetiva) da prestação dos serviços, o que já seria suficiente para fazer incidir as regras jurídicas pertinentes, evidenciando uma relação de natureza estatutária. Entende-se que o trabalho, em si, já faz com que o empregado seja inserido na empresa. A teoria da instituição considera que o empregado encontra-se inserido na organização empresarial, numa relação de hierarquia, estatutária, para que a empresa tenha duração no meio social, tendo em vista o interesse superior, comum a todos os membros. A teoria contratualista indica a natureza contratual da relação entre empregado e empregador.

Ante as teorias existentes, prevalece na doutrina a teoria contratualista, pois deve haver entre os sujeitos da relação de emprego a manifestação de vontade, para se dar início ao vínculo empregatício bem como para sua continuidade, que poderá ser de maneira tácita ou expressa.

Portanto, o contrato de trabalho possui natureza contratual, apresentando como característica o ato negocial que prescinde da declaração bilateral de vontade para produzir efeitos jurídicos.

5.2 Classificação do Contrato de Trabalho

O presente capítulo tem por objetivo abordar as diferentes modalidades do contrato de trabalho, com suas características e especificidades.

Como ideia preambular, importante enfatizar que o artigo 442 da CLT define o que vem a ser contrato de trabalho: "o acordo tácito ou expresso, correspondente à relação de emprego".

Segundo lição de Romar (2013, p. 214), a doutrina teceu críticas ao conceito legal trazido pelo legislador constituinte sobre o contrato de trabalho, diante das teses das correntes contratualistas, acontratualistas e neocontratualista, definindo contrato de trabalho como sendo:

> (...) o acordo de vontades, manifestado de forma expressa (verbalmente ou por escrito) ou de forma tácita, por meio do

qual uma pessoa física (empregado) se compromete a prestar pessoalmente e de forma subordinada serviços contínuos a uma outra pessoa física, a uma pessoa jurídica ou a um ente sem personalidade jurídica (empregador), mediante remuneração.

Como características do contrato de trabalho, pode-se destacar: trata-se de um contrato de direito privado, ante a natureza privada dos interesses envolvidos e o acordo de vontade firmado entre as partes; consensual, pois as partes ajustam livremente, sem formalidades, uma vez que é suficiente o consentimento; tem natureza bilateral, pois gera obrigações a ambas as partes contratantes (empregado: prestação do serviço; empregador: remuneração); é *intuitu personae*, pois há uma obrigação pessoal entre os sujeitos da relação de emprego; é comutativo, que consiste no conhecimento prévio ofertados às partes das vantagens que serão oferecidas com a prestação do serviço; é de trato sucessivo, haja vista decorrer do cumprimento de obrigações impostas às partes; é oneroso e, por fim, complexo, pois permite que sejam formados contratos acessórios (ex.: contrato de locação, contrato de mandato, contrato de comodato etc.), que se extinguirá caso seja extinto também o contrato de trabalho.

O contrato de trabalho também pode ser classificado quanto à sua forma, que pode ser expressa ou tácita; quanto ao número de sujeitos; quanto à sua duração, sendo, via de regra, por prazo indeterminado, salvo se existir pactuação diversa, o que constituirá exceção.

Como condição do contrato de trabalho, tendo em vista tratar-se de um negócio jurídico, exige-se: pessoa capaz, objeto lícito, possível, determinado ou determinável; forma prescrita ou não defesa em lei, tudo nos termos do artigo 104 do Código Civil.

Passa-se a descrever abaixo as modalidades dos contratos de trabalho.

5.2.1 Contrato de trabalho individual por prazo indeterminado

Como regra geral, tem-se que o contrato de trabalho é por prazo indeterminado, em primazia ao princípio da continuidade da relação de emprego.

Para Saraiva (2009, p. 127):

> O contrato de trabalho, em regra, deve ser pactuado sem determinação de prazo, passando o empregado a integrar,

permanentemente, a atividade empresarial, contribuindo com seu labor para o crescimento da empresa.

Portanto, sendo a regra que o contrato de trabalho será por prazo indeterminado, qualquer pactuação em sentido contrário acarretará ao empregador o ônus da prova, conforme entendimento firmado na Súmula 212 do TST, o que consiste em dizer que o contrato por prazo determinado será a exceção.

5.2.2 *Contrato de trabalho por prazo determinado*

O contrato por prazo determinado, conforme já ressaltado, constitui exceção à regra e, também, é conhecido como "contrato a termo", pois celebrado por tempo certo e determinado.

Haja vista tratar-se de uma exceção, os contratos a termo somente podem ser pactuados nas hipóteses previstas em lei.

Constituem, portanto, modalidades de contrato por prazo determinado aqueles previstos na CLT; na Lei n. 9.601/98; o contrato temporário e o contrato de obra certa.

Segundo lição de Romar (2013, p. 219), contrato por prazo determinado "é aquele cuja vigência dependa de termo prefixado ou da execução de serviços especificados ou ainda da realização de certo acontecimento suscetível de previsão aproximada (§1º do art. 443 da CLT)".

Para que o contrato de trabalho por prazo determinado seja válido, devem ser observadas as hipóteses previstas no parágrafo 2º do artigo 443 da CLT, a saber: quando a natureza ou a transitoriedade do serviço justifiquem a predeterminação do prazo, neste caso o que importa é a natureza ou periodicidade do serviço que vai ser desempenhado; nas atividades empresariais transitórias e na pactuação mediante contrato de experiência, cujo objetivo é testar os contratantes mutuamente.

Martins (2010, p. 112) ensina que:

> O serviço de natureza transitória é o que é breve, efêmero, temporário. Aqui está-se falando em serviço transitório e não de atividade empresarial de caráter transitório. Seria o caso de contratar um empregado temporariamente para atender a um breve aumento de produção em certo período do ano. A transitoriedade deverá ser observada em relação às atividades do empregador e não do empregado, de acordo com as

necessidades de seu empreendimento. Serviços cuja natureza justifique a predeterminação de prazo são, a rigor, os serviços transitórios.

Referente ao prazo de vigência do contrato, inúmeros eram os questionamentos, principalmente se o mesmo poderia ou não ser prorrogado, haja vista a previsão contida no artigo 445 da CLT, segundo a qual o prazo não pode ser superior a 2 (dois) anos.

O Supremo Tribunal Federal, objetivando sanar a controvérsia, editou a Súmula n. 195, assim redigida: "contrato de trabalho para obra certa, ou de prazo determinado, transforma-se em contrato de prazo indeterminado, quando prorrogado por mais de 4 (quatro) anos".

Destaca-se, por conseguinte, que referida Súmula, embora editada antes da atual redação do artigo 445 da CLT, foi de encontro a atual legislação, que prevê apenas a possibilidade do contrato por prazo determinado ser de até 2 (dois) anos, sendo que sua prorrogação por igual período o torna por tempo indeterminado.

Assim, a controvérsia foi eliminada com a observância dos artigos 445 c/c 451, ambos da CLT.

Portanto, caso se vislumbre a necessidade de se prorrogar um contrato por prazo determinado, necessário que ele seja celebrado por tempo não superior a 1 (um) ano, reajustado por igual período, a fim de não exceder o limite previsto no ordenamento jurídico.

Têm-se, assim, que as regras atinentes ao contrato por prazo determinado, previstos na CLT, devem obedecer as previsões contidas nos artigos 445, 451, 452, 487, 479, 480 e 481, todos da CLT.

Já o contrato por prazo determinado, previsto na Lei n. 9.601/98, foi criado com regras próprias e distintas daquelas já previstas na CLT.

Para parte da doutrina, a publicação da Lei n. 9.601/98 constituiu um verdadeiro retrocesso aos direitos do trabalhador, pois tornou o contrato por prazo determinado regra, sendo o indeterminado a exceção, haja vista que para sua formalização não se obedeciam as hipóteses de excepcionalidade contidas no parágrafo 2º do artigo 443 da CLT.

Entretanto, referida lei não foi considerada inconstitucional, pois referia-se à questão de contratação, não violando, portanto, o princípio da isonomia.

Atinente ao prazo de vigência, referida legislação também excluiu das características do contrato por prazo determinado seu prazo de vigência de até 2 (dois) anos, viabilizando a possibilidade da prorrogação.

Após inúmeros movimentos de trabalhadores, a aplicabilidade do referido ordenamento jurídico restou vinculada a necessidade de prévia negociação coletiva com a assinatura de convenção ou acordo coletivo de trabalho, o que torna inviável sua aplicabilidade para os funcionários públicos, tendo em vista, para estes, a desnecessidade de observância às convenções ou aos acordos coletivos.

5.2.3 Contrato de experiência

O contrato de experiência corresponde a uma modalidade de contrato por tempo determinado.

Referida modalidade encontra-se prevista no artigo 443, § 2º, da CLT e tem por finalidade propiciar ao empregador a possibilidade de avaliar o grau de aptidão do empregado. Para muitos doutrinadores, este tipo de contrato também pode ser chamado de contrato de prova.

O prazo do contrato de experiência é de 90 (noventa) dias, sendo válido para qualquer natureza de atividade, haja vista sua finalidade de avaliar as capacidades técnica, estrutural e adaptacional do empregado ao novo ambiente de trabalho.

Durante o período de vigência do contrato de experiência, são resguardados ao empregado todos os direitos e obrigações inerentes ao contrato de trabalho, bem como a sua anotação na CTPS do obreiro. A ausência de anotação constitui infração administrativa.

Importante ressaltar, ainda, que o contrato de experiência pode ser prorrogado por uma única vez (art. 451 da CLT), não podendo exceder o seu prazo de duração (máximo de 90 dias), pois, se ultrapassado o prazo previsto, tornar-se-á por tempo indeterminado.

Enfatiza-se, por conseguinte, a regra contida no art. 452 da CLT, que veda a possibilidade de novo contrato de experiência para o funcionário que já foi testado diante de uma nova recontratação em prazo inferior a 6 (seis) meses. Vale lembrar também que, após a celebração do contrato de experiência, não se pode recontratar o obreiro por contrato de trabalho temporário ante o fundamento de que já houve o teste/prova com o empregado.

5.2.4 Contrato temporário

O contrato de trabalho temporário é aquele previsto na Lei n. 6.019/74 e tem por objeto o trabalho prestado pelo trabalhador temporário, por intermédio do tomador do serviço, cuja finalidade é suprir a necessidade transitória de pessoal regular ou permanente ou acréscimo extraordinário de serviço.

Referida modalidade de contrato deve ser celebrada na forma escrita e tem prazo de duração de no máximo três meses, em relação ao mesmo empregado, salvo autorização do Ministério do Trabalho.

O contrato de trabalho temporário, diferentemente da terceirização, pode ocorrer tanto na atividade meio, quanto na atividade fim, observando-se sua finalidade. Todavia, inobservadas as regras do trabalho temporário, formar-se-á diretamente com a empresa tomadora relação de emprego, e a fraude na contratação gerará responsabilidade solidária entre o tomador e a empresa do trabalho temporário.

Atinente ao requisito da subordinação, o empregado temporário deve obediência e cumprimento às regras de trabalho impostas pela tomadora, em razão da própria natureza da contratação. Todavia, não se descarta a possibilidade de a empresa de trabalho temporário também exercer seu poder de direção, principalmente no condizente ao âmbito disciplinar.

Como dito alhures, a responsabilidade da empresa tomadora é subsidiária, podendo responder solidariamente na hipótese de falência da empresa de trabalho temporário.

Capítulo 6

A RELAÇÃO ENTRE DIREITO DO TRABALHO E DIREITO PREVIDENCIÁRIO

O direito do trabalho visa proteger as relações de emprego que constituem espécies do gênero relação de trabalho.

O objeto do presente capítulo consiste no estudo da espécie relação de emprego, nos termos previstos no artigo 3º da CLT.

Assim, configurada a relação de emprego, estar-se-á diante da figura do empregado, o qual estará obrigatoriamente vinculado ao regime geral de previdência social, cujo sistema é mantido pelo Poder Público e voltado para aos trabalhadores da iniciativa privada, mediante filiação compulsória, sendo oferecidos aos contribuintes do sistema os benefícios previdenciários como forma de proteção diante das mais diversas contingências.

Observa-se que a contribuição do empregado é obrigatória e deve obedecer às regras contidas no artigo 20 da Lei n. 8.212/91. Embora a contribuição seja obrigatória/compulsória, a responsabilidade para sua efetivação fica a cargo do empregador que assume o encargo de descontar os valores devidos e repassá-los à Previdência Social, motivo pelo qual referida contribuição é presumida.

Acrescenta-se que, uma vez filiado, o contribuinte assume o *status* de segurado do sistema previdenciário gozando da proteção social garantida em forma de benefícios e serviços.

Diante da interligação entre o Direito do Trabalho e o Direito Previdenciário, surgem as implicações dos recebimentos dos benefícios nos contrato de trabalho, as quais serão analisadas no capítulo seguinte.

6.1 Unicidade do Direito

A unicidade do Direito significa dizer que ele não se realiza de forma fragmentada, haja vista representar um conjunto de normas tendentes a proteger a sociedade, estabelecendo parâmetros a ser seguidos, que consiste na vontade abstrata do legislador, irradiando seus efeitos sobre todo o ordenamento jurídico.

Destaca-se, assim, que o fato de o Direito ser dividido em ramos não descaracteriza sua unicidade.

Isso porque a unicidade do Direito, segundo Mussi (2008, p. 74) "é vista por meio de seu texto positivado, regulador das relações sociais pelo Estado e para o Estado, sem o qual este não sobreviveria".

Atinente à unicidade do Direito, Orlando Gomes (2002 *apud* MUSSI, 2008, p. 74) afirma:

> Não ser possível admitir-se a existência de um ramo jurídico autônomo que esteja em contradição aberta e irredutível com o tronco a que deve estar unido. Se os galhos da árvore jurídica devem alimentar-se da mesma seiva, porque haurida no mesmo terreno social, não se compreende que possam ser nutridos diferentemente. Como conceber, com efeito, o nascimento e a viabilidade de uma ciência jurídica especializada, cujo organismo se sustenta de alimento que repugna ao organismo-mater que o transmite?

Significa dizer que o Direito se origina de forma integrada pelo Estado, porém não é uno, já que se utiliza de outras fontes para garantir sua sustentabilidade.

Nesse diapasão, o Direito objetiva regular as diferentes relações sociais por meio de normas criadas pelo Poder Estatal.

Importante, assim, estabelecer uma divisão entre o Direito Público e o Direito Privado, utilizando-se dos ensinamentos de Mussi (2008, p. 75/76):

DIREITO PÚBLICO	DIREITO PRIVADO
– Conjunto de normas para as ações que, segundo o sentido que a ordem jurídica lhes deve atribuir, se referem à instituição estatal.	– Conjunto de normas para as ações que, segundo o sentido atribuído pela ordem jurídica, não se referem à instituição estatal, sendo apenas regulada por esta mediante normas.
– Finalidade: conservação, expansão ou execução direta dos fins desta instituição	– Criam direitos subjetivos públicos (padronização de pretensões).

– Representa a totalidade de regulamentos, normas que contêm apenas instruções para os órgãos estatais e não justificam direitos subjetivos adquiridos de indivíduos. – Também podem trazer normas de direito subjetivo. No entanto, tais direitos podem ser considerados como mero reflexo de um regulamento. – Poder de mando existente no Direito Público: um detentor de poderes preeminentes, com poder de mando autoritário, aparece diante de pessoas que, segundo o sentido jurídico das normas, lhe estão submetidas. As partes não são consideradas iguais (hierarquia, supremacia). – Regulam, em regra, as ações dos submetidos ao poder que servem para nomear e controlar o detentor ou os detentores preeminentes de poderes. – O Estado é considerado a única fonte de poder legítimo e, por isso, só interessa para o Direito o poder de mando referente ao Direito Público.	– Refere-se a todos os assuntos jurídicos em que aparecem várias partes consideradas juridicamente "iguais". – Regulam as ações entre iguais. – Existe o poder de mando entre pai e filho, por exemplo, que embora façam parte de matéria de ordem privada, não tem importância para o Direito Público.

Tem-se, contudo, que o Direito Público defende interesse coletivo enquanto o Direito Privado se ocupa do interesse particular, sendo que a junção de suas ramificações é que representa o Direito como um todo.

Como ramificações do Direito, temos o Direito Civil, Processual Civil, Penal, Processual Penal, Administrativo, Constitucional, Tributário, Previdenciário, do Trabalho, Internacional, Comercial, entre outros.

Assim, em que pese a unicidade do Direito, seus diversos ramos foram criados como forma de facilitar o estudo e o aprofundamento jurídico de maneira autônoma.

Objetivando aprofundar o presente estudo, dar-se-á, no próximo item, ênfase aos ramos do Direito Previdenciário e Direito do Trabalho, discorrendo sobre sua autonomia e similitude.

6.2 Autonomia e Similitude

A expressão "autonomia" vem do grego, em que *auto* significa próprio e *nomia*, regra ou norma.

Para caracterizar a autonomia de uma ciência, importante avaliar o contexto social no qual está inserida, as doutrinas homogêneas decorrentes de conceitos gerais e distintos avaliados diante de outra disciplina e a área de conhecimento em relação ao objeto do estudo.

Ensina Martins (2010, p. 20) que: "haverá autonomia da matéria dentro da ciência do Direito se seus princípios e regras tiverem identidade e diferença em relação aos demais ramos do Direito".

Para Mussi (2008, p. 78):

> Do ponto de vista científico, o Direito é considerado autônomo quando possui método particular, objeto delimitado e regras e institutos próprios. Para tanto, devem ser identificados conceitos peculiares analisados de forma sistemática no Direito.

Ainda sobre o tema, continua (2008, p. 78):

> Em relação à autonomia didática, esta é representada pela possibilidade de ensinar a disciplina separadamente nas instituições de ensino, ainda que se comuniquem direta ou indiretamente com outras disciplinas. (...) Sem embargo, a autonomia de determinado ramo do Direito deve ser analisada sob os aspectos apresentados: legislativo, científico e didático.

Portanto, o Direito é uno e autônomo, porém interligado aos seus diversos ramos.

Já "similitude", vem do latim *similitudo*, sendo o mesmo que semelhança.

Segundo conceito extraído do dicionário informal, similitude é "relação entre seres, ideias ou coisas que tem entre si elementos conformes"[6].

---

(6) Disponível em <htpp://www.dicionarioinformal.com.br/**similitude**/> Acesso em: 10 fev. 2016

O Direito do Trabalho e o Direito Previdenciário, cada qual com sua autonomia, também possuem semelhanças, principalmente ao avaliar os sujeitos da relação jurídica: empregado e segurado.

6.2.1 Conceito e espécie de autonomia do Direito do Trabalho e do Direito Previdenciário

O Direito Previdenciário é classificado como Direito Público, pois representa um Direito Social já que privilegia o interesse social.

Significa dizer que o Estado dita as regras do sistema levando em consideração o interesse público em detrimento do individual, objetivando assegurar a paz social.

Para Júnior (2006, p. 117):

> O Direito Previdenciário adquiriu *status* de ramo autônomo do direito por possuir métodos próprios, objeto próprio, princípios próprios, leis específicas e divisão interna, segundo critérios pacificamente aceitos e creditados.

Embora o Direito Previdenciário tenha sua autonomia, possui estreita ligação com outros ramos do Direito.

O Direito do Trabalho, por sua vez, embora seja ramo do direito público, possui regras tanto do Direito Público quanto do Privado, motivo pelo qual a doutrina se divide atinente à natureza jurídica do Direito do Trabalho.

Como dito, tanto o Direito Previdenciário quanto o Direito do Trabalho são disciplinas autônomas, mas possuem relação entre si.

A interligação entre os dois ramos do Direito se mostra notória diante da ocorrência de um risco social, seja ele de natureza comum seja profissional. Toda vez que um obreiro necessitar se afastar de suas atividades profissionais, terá a proteção individual e social do Direito Previdenciário.

Para Mussi (2008, p. 82):

> O Direito do Trabalho contribuiu sobremaneira com o Direito Previdenciário. Aliás, este veio em respeito às necessidades emergentes dos trabalhadores que precisavam de proteção durante certos eventos da vida que ocasionavam ou poderiam ocasionar situações de necessidade. Rapidamente o empregador constatou sua responsabilidade social pelo bem-estar dos

seus trabalhadores. Ademais, à medida que as indústrias iam se desenvolvendo restava cada vez mais clara a urgência de se garantir proteção ao trabalhador, que sofria riscos naturais e merecia um local de trabalho higiênico e seguro.

Vale lembrar, porém, que a relação jurídica trabalhista e previdenciária são distintas, pois na trabalhista, de um lado, tem-se o empregado e, de outro, o empregador, enquanto na previdenciária de um lado está o segurado e do outro o INSS - Autarquia Pública responsável pela administração do regime.

Para Ilídio das Neves (1996 *apud* MUSSI, 2008, p. 83), há quatro fatores que distinguem o Direito do Trabalho do Direito Previdenciário:

> a. Origem normativa ou a base jurídica dos direitos dos interessados: nesta situação, enquanto o Direito de Segurança Social decorre da lei, o Direito do Trabalho emerge de um contrato individual. b. Natureza da relação jurídica de segurança social relativamente à relação jurídica laboral: enquanto a relação jurídica de segurança social é complexa, vez que integra uma série de outras relações jurídicas menores ou da verificação de circunstâncias, em regra não relacionadas à vontade das partes, o Direito do Trabalho enquadra relações simples bilaterais. c. Objeto juridicamente relevante e suas particularidades. No Direito da Segurança Social, o objeto é a prestação, quando da ocorrência de um risco social, sem que haja uma situação necessariamente sinalagmática. Já no Direito do Trabalho, o objeto é a prestação do trabalho remunerado e existe o perfeito sinalagmatismo, pois, em retribuição ao trabalho, o empregador tem a obrigação de efetuar pagamento ao seu empregado. d. Vida da relação jurídica: enquanto o vínculo de segurança social é permanente e de natureza institucional, o vínculo contratual pode ser temporário e tem natureza individual.

Grande ligação entre os dois ramos do direito ocorre diante da contingência social, o recebimento do benefício previdenciário e seu reflexo no contrato de trabalho.

Assim, sendo função social do Direito Previdenciário a proteção do trabalhador diante dos infortúnios, imprescindível a discussão das consequências do recebimento dos benefícios previdenciários no contrato de trabalho e a responsabilidade do empregador diante de tal circunstância.

Todavia, antes de adentrar ao tema, importante salientar que o Direito Previdenciário possui autonomia também diante de outros ramos do Direito.

Com relação ao Direito Constitucional, há uma estreita ligação, pois a Constituição Federal, além de ser a base de todo ordenamento jurídico, também relaciona inúmeros direitos dos trabalhadores em capítulos específicos.

Já o Direito Administrativo, que tem por finalidade proteger o interesse público, muito se assemelha ao Direito Previdenciário, cujo objetivo é proteger o interesse social como um todo e não apenas uma pessoa individualmente.

Com o ramo do Direito Penal, o Direito Previdenciário possui semelhança ao trazer em seu contexto as tipificações e penalidades nas hipóteses de fraude, sonegação e apropriação.

É do Direito Civil, por sua vez, que são extraídos conceitos abordados na lei previdenciária, como: casamento, prescrição, decadência, dependentes etc.

Destaca-se, também, a importância do Direito Tributário para o Direito Previdenciário:

> (...) uma vez que as contribuições sociais que dão sustentação ao caixa da previdência social são consideradas tributos pela doutrina dominante, seguindo, por conseqüência, regras do Direito Tributário" (MUSSI, 2008, p. 86).

Quanto ao Direito Comercial, sua importância muito se assemelha à do Direito Civil, pois é deste ramo que se extraem os conceitos de empresa e empresário para fins de cobrança da contribuição previdenciária.

Também há com o Direito Internacional relação, tendo em vista que este ramo do Direito objetiva reger as relações jurídicas por meio de tratados, convenções e acordos entre as nações e diante do processo migratório imprescindível à adequação do Direito Previdenciário como mecanismo de proteção social.

Pode-se concluir que o Direito Previdenciário, embora ramo autônomo do Direito, possui estreita ligação com os demais ramos, pois se perfaz de conceitos e regras extraídas de outros textos legais.

Assim, objetivando prosseguir os estudos, importante avaliar os riscos e consequências do recebimento dos benefícios previdenciários no contrato de trabalho.

Capítulo 7

EFEITOS DO RECEBIMENTO DOS BENEFÍCIOS PREVIDENCIÁRIOS NO CONTRATO DE TRABALHO

O presente capítulo tem por objetivo estudar as garantias da relação de emprego, previstas no ordenamento jurídico ou por acordo/convenção coletiva e seus principais efeitos quando do recebimento dos benefícios previdenciários, apontando os reflexos no contrato de trabalho, mediante avaliação dos direitos e obrigações tanto do empregado quanto do empregador.

7.1 Suspensão e Interrupção do Contrato de Trabalho

No tocante aos institutos da suspensão e interrupção do contrato de trabalho, importante enfatizar as hipóteses legais previstas na legislação trabalhista de modo a abarcar todas as hipóteses legais e, posteriormente, estabelecer o liame entre as tipificações legais e suas incidências quando do recebimento dos benefícios previdenciários.

Assim, esclarecedor mencionar que, para alguns estudiosos, a suspensão pode se dar de maneira total ou parcial. Estar-se-á diante da hipótese de suspensão total quando ocorrer uma inexecução do contrato de trabalho, no qual ao empregador e ao empregado não subsistirá o dever de cumprir as obrigações decorrentes do contrato de trabalho, em caráter total, mas será mantida sua vigência e, de suspensão parcial, quando subsistir a obrigação do empregador em remunerar seu empregado, ainda que ausente a prestação do serviço. Frisa-se que a hipótese de suspensão parcial é também conhecida por "interrupção do contrato de trabalho".

Todavia, a doutrina estabelece que, embora a CLT traga tipologias distintas para conceituar as duas figuras jurídicas, na prática ambas se assemelham, pois mantêm inalterada a vigência do contrato de trabalho, trazendo, porém, efeitos diferenciados, razão pela qual ocorrerá a suspensão quando empregador e empregado não mais forem obrigados a cumprir ônus decorrentes do contrato de trabalho, e a interrupção se dará quando houver uma paralisação parcial dos efeitos do contrato de trabalho.

Para Mauricio Godinho Delgado (2007, p. 1057), a diferença entre suspensão e interrupção pode ser assim definida:

> (...) a suspensão consiste na sustação temporária plena dos efeitos contratuais, preservado, porém, o vínculo entre as partes, ao passo que a interrupção consiste na sustação temporária da principal obrigação do empregado no contrato de trabalho (prestação de trabalho e disponibilidade perante o empregador), mantidas em vigor as demais cláusulas contratuais. Enquanto a suspensão corresponde à sustação ampla e recíproca das cláusulas e efeitos contratuais, a interrupção corresponde à sustação restrita e unilateral das cláusulas e efeitos do contrato de trabalho.

Segundo ensinamento de Romar (2013, p. 423/424):

> (...) A suspensão desobriga as partes contratantes de cumprirem o contrato durante determinado período. (...) não há trabalho, não há pagamento de salário e não se conta tempo de serviço para fins trabalhistas, correspondendo "a sustação dos efeitos do contrato empregatício, que preserva, porém sua vigência". A interrupção acarreta a inexecução provisória da prestação de serviço, sem embargos da eficácia de outras cláusulas contratuais. Assim, quando o contrato está interrompido, não há trabalho, mas o salário é pago e conta-se o tempo de serviço para fins trabalhistas, correspondendo tal período a uma "sustação restrita e unilateral de efeitos contratuais, abrangendo essencialmente apenas a prestação laborativa e disponibilidade obreira perante o empregador".

Portanto, seja na suspensão, seja na interrupção, o contrato de trabalho permanece com sua vigência inalterada, ocorrendo, porém, uma sustação dos efeitos, razão pela qual não poderá ocorrer a rescisão contratual, exceto se comprovada a justa causa ou falência do empregador.

Há, porém, situações peculiares e, portanto, específicas, que regem a matéria.

Destaca-se, inicialmente, que as hipóteses de interrupção e suspensão do contrato de trabalho, se darão: 1. Quando previstas em lei; 2. Por ajuste entre as partes e desde que assegure atender interesses do empregado e, 3. Por meio de convenção ou acordo coletivo de trabalho.

A CLT traz dispositivos que regem as regras básicas sobre a suspensão e interrupção do contrato de trabalho, destacando no artigo 471 que fica assegurado aos empregados, após encerradas as hipóteses ou situações que levaram à suspensão ou à interrupção do contrato de trabalho, o direito de retornar ao cargo que anteriormente exercia, asseguradas todas as vantagens que, em sua ausência, houvessem sido concedidas ou atribuídas à categoria a qual pertencia na empresa, sejam as derivadas da lei ou por meio de cláusulas estabelecidas em convenções ou acordos coletivos de trabalho, haja vista ser considerada nula a rescisão contratual, exceto se por justa causa ou falência, conforme já ressaltado.

Via de regra, é definido no artigo 474 da CLT que o empregado, após encerradas as hipóteses ensejadoras da suspensão ou interrupção do contrato de trabalho, deverá retornar ao seu cargo, no prazo máximo de 30 (trinta) dias, mediante comunicação ao seu empregador, sob pena de caracterização do abandono de emprego. Referido entendimento, inclusive, se encontra consubstanciado na Súmula 32 do TST: "Presume-se o abandono de emprego se o trabalhador não retornar ao serviço no prazo de 30 (trinta) dias após a cessação do benefício previdenciário nem justificar o motivo de não o fazer".

As peculiaridades que merecem destaque referem-se à necessidade de afastamento do trabalho em virtude da prestação do serviço militar e outra do encargo público.

Nas hipóteses supracitadas, é importante frisar que para o empregado ter garantido o direito de retornar ao cargo, que anteriormente exercia, é imprescindível que notifique o empregador da sua pretensão, seja por telegrama, seja por carta, devendo estar registrada, em prazo não superior a 30 (trinta) dias, contados da data em que se constatar a baixa ou do encerramento do encargo a que estava obrigado, tudo nos termos do artigo 472, parágrafo 1º, da CLT.

Verificada qualquer hipótese ensejadora da suspensão ou interrupção do contrato de trabalho, não poderá o empregador proceder à rescisão, ainda que assuma os ônus decorrentes da conduta, excetuando-se as hipóteses de justa causa cometida pelo empregado e reconhecida pela Justiça do Trabalho ou, ainda, em caso de extinção da empresa, ou seja, encerramento de suas atividades profissionais – situação que impedirá a continuidade laborativa.

Destaca-se, entretanto, que para se reconhecer a justa causa, quando oportunizada qualquer das situações de suspensão e interrupção do contrato de trabalho ou garantia de emprego, importante que permaneçam inalterados os efeitos da vigência do contrato de trabalho, pois não há perda das regras impositivas tanto de conduta do empregado quanto dos deveres de lealdade e fidelidade, previstos no artigo 482 da CLT.

Entretanto, não é apenas a justa causa que pode ser reconhecida, como também a existência de falta grave, por parte do empregador, hipótese que acarretará a rescisão indireta.

Nos casos do pedido de demissão formulado pelo empregado que goza das estabilidades garantidas pelos institutos da suspensão ou interrupção, embora seja um pedido considerado válido, deve-se levar em consideração se não há pretensões implícitas contidas no pedido capazes de violar direitos e normas de proteção ao trabalhador que são indisponíveis.

Como hipóteses de interrupção do contrato de trabalho, que, segundo lição de Romar (2013, p. 426), "são paralisações parciais dos efeitos do contrato de trabalho", tem-se como exemplos:

1) Licença gestante (artigo 7º, inciso XVIII, da CF)

A licença gestante é assegurada constitucionalmente a todas as empregadas gestantes por um prazo não inferior a 120 (cento e vinte) dias, sem prejuízo do emprego e do salário e, embora seja o pagamento suportado pela Previdência Social ante a vigência da Lei n. 10.710/2003 não descaracteriza a hipótese de interrupção, pois durante o gozo do benefício restam garantidos todos os direitos decorrentes do contrato de trabalho.

Sobre o tema, cabe destacar o disposto no artigo 392 da CLT, que sempre determinou ao empregador a obrigatoriedade de suportar o ônus decorrente das despesas contratuais durante o período de afastamento de sua empregada, sendo assegurada em tal hipótese a interrupção do contrato de trabalho.

Na hipótese de afastamento decorrente de aborto espontâneo (artigo 395 da CLT), a empregada, comprovando que não se trata de aborto criminoso, o qual deverá ser constatado por meio de atestado médico, gozará do direito de se afastar do trabalho para fins de repouso, durante 2 (duas) semanas, sendo-lhe assegurado tanto o pagamento do salário como o direito de retornar ao exercício do cargo anteriormente ocupado.

2) Licença paternidade (artigo 7º, inciso XIX, da CF, artigo 10, § 1º, ADCT; Súmulas 145 e 202 do TST).

É assegurado ao empregado o direito de gozar 5 dias de licença quando comprovado o nascimento de filho.

3) Férias (artigo 7º, inciso XVII, da CF e artigo 130 da CLT)

As férias decorrem de período aquisitivo para descanso anual remunerado, sendo, via de regra, de 30 (trinta) dias.

4) Descansos trabalhistas remunerados.

O ordenamento jurídico destaca, ainda, outros descansos trabalhistas remunerados como aqueles que decorrem do direito ao descanso semanal remunerado, os feriados e, também, os intervalos intrajornadas, todos amparados e garantidos pela CLT.

a) Faltas justificadas (artigo 473 da CLT).

As faltas justificadas que estão tipificadas no artigo 473 da CLT, por serem remuneradas e contarem como tempo de serviço, integram o rol das hipóteses de interrupção do contrato de trabalho, sendo elas: hipótese de falecimento do cônjuge, ascendente, descendente, irmão ou pessoa que, declarada na CTPS, viva sob a dependência econômica do empregado, sendo importante destacar que a CLT estende referido prazo para "9 dias, no caso de falecimento do cônjuge, pai, mãe ou filho do empregado professor" (DELGADO, 2007, p. 1067); casamento; licença-paternidade; doação voluntária de sangue, desde que devidamente comprovada; alistamento eleitoral; cumprimento de exigências do serviço militar, que não se confunde com a prestação do serviço militar (artigo 473, inciso VI, da CLT); realização de exame vestibular (artigo 473, inciso VII, da CLT); comparecimento a juízo (artigo 473, inciso VIII, da CLT); de representante de entidade sindical que estiver participando de reunião oficial de organismo internacional do qual o Brasil seja membro.

Para cada hipótese elencada pelo dispositivo legal é estabelecido um número de dias possíveis para gozo da licença concedida.

a.1) Licença remunerada concedida pelo empregador

A licença remunerada constitui benesse deferida pelo empregador ao empregado, seja a seu pedido, seja espontaneamente, a fim de afastar-se, temporariamente, de suas atividades profissionais, mediante garantia dos direitos inerentes ao contrato de trabalho como pagamento de remuneração e cômputo do tempo de serviço.

No tocante à suspensão, conforme declarado, decorre da paralisação total dos efeitos do contrato de trabalho permanecendo inalterada, porém, sua vigência.

São hipóteses:

- Eleição para cargo de diretor de sociedade anônima (Súmula 269 do TST)

Atinente ao tema, constitui entendimento jurisprudencial adotado pelo TST, por meio da Súmula 269, de que, durante o período de afastamento do empregado, para exercício do cargo de diretor em sociedade anônima, ficará o contrato de trabalho suspenso, exceto se permanecer a subordinação deste empregado em relação ao seu empregador.

Importante destacar, também, que durante a suspensão não existirá impedimento para manutenção dos pagamentos do FGTS, caso seja de aquiescência do empregador, nos termos estabelecidos pelos artigos 15, § 4º e 16 da Lei n. 8.036/90.

Frisa-se, entretanto, que não há obrigatoriedade tanto no pagamento do salário quanto em outros encargos, pois não são devidos, como exemplo o FGTS e o recolhimento de contribuição previdenciária.

- Suspensão bilateral para qualificação profissional do empregado (artigo 476-A da CLT)

Referida hipótese trata-se da suspensão do contrato de trabalho para promover a participação do empregado em curso ou programa profissionalizante oferecido pelo empregador.

Todavia, para caracterização deste tipo de suspensão, imprescindível o preenchimento de três requisitos de validade, sendo eles: comunicação ao sindicato da categoria profissional, com prazo mínimo de antecedência de 15 (quinze) dias, da suspensão; aceitação formal do empregado, com a suspensão do contrato de trabalho, e participação efetiva do empregado no curso ou programa profissionalizante oferecido pelo empregador.

Importante lembrar, ainda, que o desrespeito a qualquer requisito de validade invalida a ocorrência da suspensão, sendo restabelecido de imediato o contrato de trabalho, cabendo ao empregador as sanções previstas no acordo ou convenção além do pagamento imediato dos salários e encargos sociais.

Quanto a essa modalidade de suspensão, imprescindível que seja prevista em convenção ou acordo coletivo, além da aceitação expressa do empregado, tendo prazo para duração de 2 (dois) a 5 (cinco) meses, no máximo.

Destaca-se, entretanto, que o prazo supracitado poderá ser prorrogado, desde que devidamente previsto em convenção ou acordo coletivo mediante aceitação do empregado e desde que o empregador arque com o pagamento do valor da bolsa durante a vigência do curso.

O contrato de trabalho, via de regra, não poderá ser suspenso mais de uma vez para a mesma finalidade durante o prazo de 16 (dezesseis) meses, consoante preceitua o parágrafo 2º do artigo 476 da CLT.

Algumas peculiaridades existem nesta modalidade de suspensão, sendo uma delas a de que o empregado terá direito a todos os benefícios concedidos pelo empregador podendo este, inclusive, estabelecer uma ajuda compensatória mensal, todavia sem natureza salarial, cujo valor deverá ser previamente definido por meio de convenção ou acordo coletivo de trabalho.

Entretanto, cessará a suspensão, voltando o contrato de trabalho a ter seu curso normal, na hipótese de não ser ministrado o curso profissionalizante ou na hipótese de o empregado permanecer trabalhando para o empregador, sendo que, nesse caso, ficará imediatamente obrigado a arcar com o ônus do pagamento e demais encargos sociais, sob pena de sofrer as penalidades legais e aquelas oriundas de previsão expressa em convenção ou acordo coletivo.

Tanto nessa modalidade de suspensão como em qualquer outra, consoante anteriormente frisado, não poderá ocorrer rescisão do contrato de trabalho, haja vista o empregado gozar de estabilidade garantida pelo constituinte, ou seja, no período de gozo da suspensão ou nos 3 (três) meses posteriores ao retorno ao trabalho. Todavia, caso ocorra a dispensa além das parcelas indenizatórias decorrentes do contrato de trabalho definidas pelo ordenamento jurídico, também se deverá pagar uma multa cujo valor estará previsto em convenção ou acordo coletivo, sendo de, no mínimo, 100% sobre o valor da última remuneração recebida pelo empregado em tempo anterior à suspensão.

Frisa-se, por derradeiro, que o contido no artigo 476, § 5º, da CLT não tem por finalidade estabelecer uma nova modalidade de garantia de emprego, mas certamente evitar uma rescisão contratual desmotivada, mantendo-se, pois, resguardado o direito de findar o contrato de trabalho, caso verifique-se a inocorrência de qualquer razão para sua manutenção.

Algumas situações, porém, nem sempre, na prática, são fáceis de ser caracterizadas ou resolvidas, exigindo maior atenção do operador do direito.

Umas delas são as chamadas "situações controvertidas" surgidas nas hipóteses de recebimento de alguns dos benefícios previdenciários, o que será objeto deste estudo.

Sob o enfoque previdenciário, Mussi (2008, p. 120/120) explica que as principais consequências da inexecução contratual temporal são:

    a) Quanto à paralisação dos efeitos do contrato com amparo legal ou contratual:

    – suspensão do contrato de emprego;

    – interrupção do contrato de emprego;

    b) Quanto à inexecução temporal sem prévio acordo de vontades ou lei que a justifique:

    – rescisão contratual;

    c) quanto à garantia advinda da paralisação dos efeitos do contrato:

    – estabilidade em algumas situações, conferida legalmente ou contratualmente.

Nesse diapasão, importante enfatizar que tanto os institutos da suspensão quanto da interrupção do contrato de trabalho e da estabilidade e possível rescisão contratual refletem na relação de emprego quando o obreiro está em gozo de benefício previdenciário.

Tem-se, como dito alhures, que a suspensão é a paralisação temporária das atividades profissionais, sem ônus ao empregador, uma vez que a prestação de serviço fica suspensa, enquanto a interrupção consiste no afastamento do segurado de seu labor mediante ônus ao empregador, pois, embora o empregado não tenha a obrigação de exercer sua atividade laboral, o empregador fica responsável pela manutenção do pagamento do salário.

Tendo o contrato de trabalho natureza sinalagmática, o descumprimento das cláusulas contratuais de trabalho, sejam as previstas pelo ordenamento jurídico ou por meio de acordo ou convenção coletiva de trabalho, geram reflexos mesmo após a extinção do vínculo de trabalho.

Portanto, operadas as hipóteses de suspensão ou interrupção, rescisão contratual ou garantia de emprego (estabilidade), surgem obrigações tanto essenciais quanto acessórias para o empregador e o empregado.

Como obrigação essencial ou também chamada "obrigação principal" tem-se a obrigação do empregado de prestar os serviços e o empregador de remunerá-lo pelo serviço prestado.

Referente à obrigação principal, configurada a suspensão do contrato de trabalho, o empregado deixa de exercer seu trabalho e o empregador, em contrapartida, de efetivar o pagamento do salário, sendo que se a ocorrência do fato se der em razão do recebimento de benefício previdenciário, o ônus do pagamento do salário é transferido ao INSS, o qual fica responsável pela manutenção do poder de compra do segurado.

Configurada, entretanto, a interrupção, embora o trabalho deixe de existir, pois o empregado está liberado do ônus de prestar os serviços, subsiste ao empregador o dever de continuar o reembolso salarial.

Já como obrigação acessória pode-se enfatizar a boa-fé, a lealdade, a honestidade, o sigilo e o dever profissional, entre outros, que devem ser mantidos entre os sujeitos da relação de emprego.

Como dito alhures, na suspensão do contrato de trabalho não subsiste a obrigação quanto ao pagamento do salário do empregado, nem tampouco dos demais encargos, como contribuição previdenciária e depósito do Fundo de Garantia por Tempo de Serviço – FGTS, o que não ocorre na hipótese de interrupção.

Há grande discussão sobre a natureza jurídica do pagamento efetuado pelo empregador durante o período da suspensão ou interrupção do contrato de trabalho.

Embora aparentemente não tenha natureza remuneratória, haja vista a inexistência de contraprestação do serviço, sendo a remuneração gênero da espécie relação de emprego, o ônus do empregador em efetivar o salário tem natureza remuneratória mesmo diante da liberação do empregado em desempenhar seu trabalho.

Por assim ser, qualquer conduta visando à rescisão do contrato de trabalho durante os lapsos de suspensão ou interrupção acarretam a nulidade da dispensa.

Todavia, existem algumas exceções à regra acima apontada, que seria a hipótese de dispensa por justa causa ou "encerramento por fato imputável à entidade patronal ou por razões de interesse desta; encerramento temporário por caso fortuito ou de força maior; situações de crise empresarial" (MUSSI, 2008, p. 127), que justificariam a rescisão contratual.

A regra é que não se fala em suspensão ou interrupção do contrato de trabalho, mas sim em alguns dos seus efeitos, razão pela qual, operada qualquer das hipóteses legais, fica obstada a rescisão contratual sob pena de ser considerada nula.

Por assim ser é que o recebimento de alguns dos benefícios previdenciários refletem diretamente na relação de emprego, como veremos no capítulo seguinte.

7.2 Estabilidade

Antes de adentrar ao conceito específico de estabilidade, importante dar ênfase à evolução histórica do instituito sob o prisma constitucional.

Inicialmente, importante destacar que a estabilidade nasceu no serviço público, e sua noção genérica nasceu com a Constituição Federal de 1824, que, em seu artigo 149, previa: "os oficiais do Exército e Armada não podem ser privados de suas Patentes, senão por Sentença proferida em Juízo competente".

A Constituição Federal de 1981, por sua vez, modificava, no artigo 76, o entendimento anterior, passando a ter a seguinte redação: "os oficiais do Exército e da Armada só perderão suas patentes por condenação em mais de dois anos de prisão, passado em julgado nos tribunais competentes". No artigo 57 do mesmo diploma legal restava garantida aos juízes federais a vitaliciedade, exceto se por ordem judicial.

A partir da publicação da Lei n. 2.924, de 1915, ficou resguardado aos servidores públicos o direito de estabilidade, desde que tivessem 10 (dez) anos de serviço.

Todavia, a primeira legislação que efetivamente tratou da estabilidade foi o Decreto n. 4.682 de 1923, também conhecido por Lei Eloy

Chaves, constituindo um marco histórico ante a representatividade para a classe dos ferroviários.

Foi a partir do referido ordenamento jurídico que restou garantida a estabilidade para a classe dos ferroviários que, além da proteção contra a dispensa arbitrária, também estavam amparados pela Previdência Social, pois foi a primeira lei que consagrou a eles aposentadoria.

Decorrido certo lapso temporal, a estabilidade foi estendida a outras classes de trabalhadores, dentre os quais estão os das empresas de navegação marítima ou fluvial (Lei n. 5.109/26), os portuários (Decreto n. 17940/27), os das empresas de transportes urbanos, luz, força, telefone, telégrafos, portos, água e esgoto (Decreto n. 20.465/30), os mineiros (Decreto n. 22.096/32), os bancários (Decreto n. 24.615/34) e os empregados da indústria e comércio.

Contudo, a Constituição de 1937, em seu art. 137, alínea *f*, esclarecia que:

> (...) nas empresas de trabalho contínuo, a cessação das relações de trabalho, a que o trabalhador não haja dado motivo, e quando a lei não lhe garanta a estabilidade no emprego, cria-lhe o direito a uma indenização proporcional aos anos de serviço.

Foi por meio do Decreto n. 39, de 3.12.1939, que a falta grave passou a ser verificada pelo Ministério do Trabalho, Indústria e Comércio e julgada pelas Juntas de Conciliação e Julgamento, tendo em vista que, com o Decreto n. 1.237/39, os inquéritos administrativos passaram a ser julgados pelos Conselhos Regionais do Trabalho, ante a organização da Justiça do Trabalho. Assim, os inquéritos eram ajuizados perante as Juntas de Conciliação, no prazo de 30 (trinta) dias, contados da data da suspensão do empregado em razão da falta grave.

A CLT, por sua vez, publicada em 1943, tratou da estabilidade nos arts. 492 a 500, estabelecendo, inicialmente, que todo empregado com mais de 10 (dez) anos de tempo de serviço não poderia ser dispensado, salvo se for falta grave, devidamente apurada por meio de inquérito judicial, ou por motivo de força maior.

A Constituição de 1946 reconhecia ao trabalhador a estabilidade, a qual estava disciplinada no art. 157, inciso XII Art 157 - A legislação do trabalho e a da previdência social obedecerão nos seguintes preceitos, além de outros que visem a melhoria da condição dos trabalhadores: XII - estabilidade, na empresa ou na exploração rural, e indenização ao trabalhador despedido, nos casos e nas condições que a lei estatuir;

Entretanto, com a promulgação da Lei n. 5.107/66, que versava sobre o FGTS, o direito à estabilidade foi mitigado, pois as empresas somente garantiam referido direito aos trabalhadores que fizessem opção pelo FGTS.

Isso fez com que a Constituição de 1967 criasse um sistema alternativo entre a estabilidade ou o Fundo de Garantia, dando ao obreiro o direito de opção (art. 158, XIII). A EC n. 1, de 1969, não modificou essa orientação, a qual persistiu até a Constituição Federal de 1988, que extinguiu a estabilidade e a alternatividade que existia com o fundo de garantia, ao estabelecer no art. 7º, inciso I, que:

> Art. 7º São direitos dos trabalhadores urbanos e rurais, além de outros que visem à melhoria de sua condição social: I - relação de emprego protegida contra despedida arbitrária ou sem justa causa, nos termos de lei complementar, que preverá indenização compensatória, dentre outros direitos;

A partir de então, embora não previsto constitucionalmente o direito à estabilidade, sua garantia poder-se-ia efetivar por meio de legislação ordinária ou complementar, ao tratar sobre a dispensa arbitrária ou sem justa causa, restando resguardado aos trabalhadores à data da promulgação da CF/88 o direito adquirido à estabilidade (Lei n. 7.839/89).

Atinente ao conceito de "estabilidade", Martins (2010, p. 418) esclarece que:

> (...) estabilidade é o direito do empregado de continuar no emprego, mesmo contra a vontade do empregador, desde que inexista uma causa objetiva a determinar sua despedida. Tem, assim, o empregado o direito ao emprego, de não ser despedido, salvo determinação de lei em sentido contrário.

Para o empregador, por sua vez, a estabilidade consiste na proibição de dispensar o obreiro, exceto nas hipóteses previstas em lei que permita a dispensa. Em outras palavras, é a obrigação de manter o trabalhador no emprego, ante o princípio da continuidade do contrato de trabalho.

Importante ressaltar, contudo, que estabilidade não significa garantia de emprego, haja vista ser temporária, tampouco emprego vitalício, mas, tão somente, garantia da manutenção de seu posto de trabalho.

Tem-se a estabilidade tanto no setor privado quanto no setor público, sendo que ambas impedem a dispensa do trabalhador, exceto nas hipóteses previstas em lei.

O fundamento da estabilidade está no princípio da justiça social, pois decorre do direito ao trabalho, cujo objetivo é evitar dispensas arbitrárias, ao bel prazer do empregador, e garantir segurança no trabalho por tempo indeterminado, mediante a manutenção do salário para que o trabalhador possa sobreviver com segurança econômica.

A doutrina classifica a estabilidade em: constitucional, legal ou contratual.

Segundo ensinamentos de Martins (2010, p. 420): "(...) a) constitucional, em que são exemplos a do dirigente sindical, do cipeiro, da grávida; b) legal, prevista na legislação ordinária; c) contratual: prevista no contrato de trabalho, no regulamento de empresa, em convenções ou acordos coletivos".

Tem-se, assim, como hipóteses de estabilidade, a saber:

1) Estabilidade decenal da CLT

A CLT, como dito alhures, previa uma estabilidade após 10 (dez) anos de efetivo tempo de serviço.

Com a criação do regime fundiário, restou optativo ao obreiro escolher entre a estabilidade garantida pela CLT e do FGTS.

Contudo, com a Constituição Federal de 1988, foi extinta a hipótese acima, pois todos os trabalhadores obrigatoriamente deveriam aderir ao regime do FGTS, sendo resguardado apenas o direito adquirido.

2) Estabilidade do Artigo 19 do ADCT da CF/88

Importante transcrever o disposto no artigo 19 do ADCT:

> Art. 19. Os servidores públicos civis da União, dos Estados, do Distrito Federal e dos Municípios, da administração direta, autárquica e das fundações públicas, em exercício na data da promulgação da Constituição, há pelo menos cinco anos continuados, e que não tenham sido admitidos na forma regulada no art. 37, da Constituição, são considerados estáveis no serviço público.

Nota-se, pelo dispositivo supracitado, que os servidores públicos ali elencados foram considerados estáveis no serviço público, com exceção das empresas públicas e sociedades de economia mista.

3) Dirigente sindical

O artigo 543, § 3º da CLT conferiu proteção especial ao trabalhador representante sindical para que pudesse desenvolver suas atividades sem sofrer represálias no ambiente do trabalho.

A Constituição Federal de 1988, por sua vez, elevou a âmbito constitucional a liberdade de associação sindical, estabelecendo no artigo 8º, VIII:

> Art. 8º. É livre a associação profissional ou sindical, observado o seguinte:
>
> VIII – É vedada a dispensa do empregado sindicalizado a partir do registro da candidatura a carga de direção ou representação sindical e, se eleito, ainda que suplente, até um ano após o final do mandato, salvo se cometer falta grave nos termos da lei.

Portanto, tem direito à estabilidade o dirigente da categoria profissional desde que a função por ele exercida perante o empregador corresponda à da categoria do sindicato em que é dirigente. Caso contrário, não se fala em estabilidade.

Todavia, constitui formalidade para garantia da estabilidade nesta modalidade o efetivo registro da candidatura do dirigente sindical e o exercício da função, não importando a simples associação.

O prazo de duração do mandato é de 3 (três) anos, consoante previsão contida no artigo 515, *b*, da CLT.

As súmulas que versam sobre a estabilidade do dirigente sindical são (SARAIVA, 2009, p. 386):

> Súmula 369 do TST – Dirigente sindical. Estabilidade provisória (conversão das Orientações Jurisprudenciais 34, 35, 86, 145 e 26 da SDI-1) – Res. 129/2005 – DJ 20.04.2005.
>
> I – É indispensável a comunicação, pela entidade sindical, ao empregador, na forma do § 5º do art. 543 da CLT (ex-OJ n. 34 – Inserida em 29.04.1.994).
>
> II – o art. 522 da CLT, que limita a sete o número de dirigentes sindicais, foi recepcionado pela Constituição Federal de 1988 (ex-OJ n. 266 – Inserida em 27.09.2002).
>
> III – O empregado de categoria diferenciada eleito dirigente sindical só goza de estabilidade se exercer na empresa atividade pertinente à categoria profissional do sindicato para o qual foi eleito dirigente (ex-OJ n. 145 – Inserida em 27.11.1.998).
>
> IV – Havendo extinção da atividade empresarial no âmbito da base territorial do sindicato, não há razão para subsistir a estabilidade (ex-OJ n. 86 – Inserida em 28.04.1997).
>
> V – O registro da candidatura do empregado a cargo de dirigente sindical durante o período de aviso-prévio, ainda que indenizado, não lhe assegura a estabilidade, visto que inaplicável a regra do § 3º do art. 543 da Consolidação das Leis do Trabalho (ex-OJ n. 35 – Inserida em 14.03.1.994).

Súmula 379 do TST – dirigente sindical. Despedida. Falta grave. Inquérito judicial. Necessidade (conversão da Orientação Jurisprudencial n. 114 da SDI-1) – Res. 129/2005 – DJ 20.04.2005.

O dirigente sindical somente poderá ser dispensado por falta grave mediante a apuração em inquérito judicial, inteligência dos arts. 494 e 543, § 3º, da CLT (ex-OJ n. 114 – Inserida em 20.11.1.997).

Súmula 396 do TST: Estabilidade provisória. Pedido de reintegração. Concessão do salário relativo ao período de estabilidade já exaurido. Inexistência de julgamento *extra petita*.

I – Exaurido o período de estabilidade, são devidos ao empregado apenas os salários do período compreendido entre a data da despedida e o final do período de estabilidade, não lhe sendo assegurada a reintegração no emprego.

II – Não há nulidade por julgamento *extra petita* da decisão que deferir salário quando o pedido de reintegração, dados os termos do art. 496 da CLT.

Vale lembrar, ainda, que a estabilidade garantida ao dirigente sindical, por ser uma garantia de emprego, é para o empregado sindicalizado que concorre a cargo de direção ou representação sindical, sendo que o dirigente destituído de suas funções não goza de estabilidade, em razão da inatividade.

Frisa-se, por conseguinte, que, se o empregado for eleito como diretor de sindicato patronal representando a empregadora, não terá direito à estabilidade, haja vista que esta destina-se a proteger o emprego, razão pela qual a garantia de emprego é apenas para a representação dos interesses dos trabalhadores, assim como já decidiu o STF, no julgamento do RE 217.355-5 MG.

Na hipótese de falência da empresa, não se fala em estabilidade, pois não há empregados para serem representados no local de trabalho, bem como não há indenização na hipótese de contrato por prazo determinado.

4) Membro da CIPA

Os empregados eleitos membros da CIPA, consoante previsão contida no artigo 10, II, *a*, do Ato das Disposições Constitucionais Transitórias (ADCT), gozam de estabilidade. No mesmo sentido, o empregado eleito suplente nos termos da Súmula 339 do TST.

Destaca-se que os membros da CIPA, por gozarem de estabilidade, somente poderão ser dispensados por motivos de ordem técnica, econômico-financeira ou disciplinar, desde que devidamente comprovada, sob pena de, em uma reclamação trabalhista, ter de reintegrar o obreiro (art. 165, parágrafo único, da CLT) ou pagamento da indenização respectiva na hipótese de desinteresse na manutenção do contrato de trabalho.

O prazo de duração do mandato é de 1 (um) ano, sendo permitida uma reeleição.

A garantia da estabilidade é apenas para os representantes da CIPA, portanto, os cipeiros que são eleitos, nos termos do art. 164, § 2º, da CLT, já que os representantes do empregador sendo por ele indicados, não gozam da garantia no emprego.

Segundo lição de Romar (2013, p. 516):

> O fundamento desta estabilidade está no fato de que 'esses empregados tem o dever de zelar por condições de trabalho seguras. Compete-lhes relatar área de risco, solicitar ao empregador as medidas necessárias para reduzi-lo ou eliminá-lo, com o objetivo de prevenir a ocorrência de acidentes e doenças ocupacionais. Por essa razão estão eles quase sempre em confronto com a vontade patronal, achando-se constantemente suscetíveis a represálias ou, ao menos, a intimidação no cumprimento desse mister', ou seja, a garantia de emprego visa conferir ao cipeiro autonomia no exercício do mandato.

A dispensa do cipeiro por justa causa não implica a instauração de inquérito judicial para apuração da falta grave, sendo que a extinção do estabelecimento implica o fim da estabilidade sem necessidade de reintegração ou pagamento de indenização.

É ainda admissível a renúncia, por parte do trabalhador, à estabilidade no emprego sendo exigível tão somente sua expressa manifestação no momento da rescisão do contrato de trabalho e desde que homologada pelo sindicato da respectiva classe sindical.

5) Gestante

É garantida à gestante estabilidade no emprego, desde a confirmação da gravidez até 5 (cinco) meses após o parto, nos termos do artigo 10, inciso II, alínea *b* do Ato das Disposições Constitucionais Transitórias – ADCT, sendo vedada sua dispensa arbitrária ou sem justa causa.

Martins (2010, p. 434) ensina que:

> São várias as teorias que informam a garantia de emprego da gestante, podendo ser destacadas as teorias da responsabilidade objetiva e subjetiva.
>
> A teoria da responsabilidade objetiva considera que o importante é a confirmação da gravidez para a própria

empregada e não para o empregador. A garantia de emprego independe da comprovação da gravidez perante o empregador, mas da sua confirmação, sendo responsabilidade objetiva do empregador, que visa garantir o nascituro. O STF já entendeu que a responsabilidade é objetiva (RE 259.3218/RS, Rel. Min. Ellen Gracie). Confirmação quer dizer o ato ou efeito de confirmar; segurança expressa e nova que torna uma coisa certa; ratificação (Houaiss, 1980:217). O TST tem jurisprudência pacífica no sentido de que a empregada não precisa comprovar a sua gravidez perante o empregador, bastante haver a sua confirmação (S. 244, I). A teoria da responsabilidade subjetiva entende que a empregada deve comprovar a gravidez perante o empregador. A palavra "confirmação" deve ser entendida no sentido de a empregada demonstrar a gravidez para o empregador, deve confirmá-la perante o empregador. A trabalhadora precisa dar ciência ao empregador de que está grávida, o que é feito pela apresentação do atestado médico ou exame laboratorial, quer dizer por ato formal, até cientificando por escrito que está grávida, pois do contrário o empregador não tem como saber se a empregada está grávida. Somente a partir do momento em que a empregada demonstrar a gravidez ao empregador é que estará protegida. A empregada tanto poderá apresentar atestado médico, como também será possível constatar seu estado físico externo, demonstrado pela gravidez.

Ensina Saraiva (2009, p. 397) que:

> Para configuração da estabilidade da gestante, doutrina e jurisprudência adotaram como regra a chamada teoria objetiva, sendo relevante apenas a confirmação da gravidez pela própria gestante, pouco importando se o empregador tinha ou não conhecimento do estado gravídico da obreira. O simples fato de estar grávida já confere à empregada gestante o direito à estabilidade.

Vale destacar, entretanto, que se no momento da rescisão do contrato a empregada desconhecia estar grávida, não há que se falar em responsabilização do empregador, uma vez não ser possível imputar a alguém uma consequência que não deu causa.

Na hipótese de aviso-prévio indenizado, sendo fato que o período de cumprimento do aviso integra o tempo de serviço do obreiro, deve ser analisada a estabilidade mesmo neste período, hipótese em que, constatada a gravidez, garantida estará a estabilidade.

Parte da doutrina entende que ocorrendo a gravidez durante o período de cumprimento do aviso-prévio indenizado, porém sem comprovação perante o empregador, não há que se falar em estabilidade, haja vista que desconhecia o estado gravídico no ato da dispensa. Perfilha deste entendimento Martins (2010, p. 434), que assim defende:

> (...) ocorrendo a gestação durante o aviso-prévio, mesmo indenizado, porém a empregada não a comprova perante o empregador, entendo que não há direito à garantia de emprego, pois o empregador desconhecia a gravidez da empregada quando da dispensa.

Importante frisar, ainda, que este tipo de estabilidade tem por objetivo assegurar o emprego à gestante. Portanto, se houve gravidez, ainda que no parto a criança nasça morta, justificável a estabilidade, conforme preceitua o art. 7º, inciso XVIII, da Constituição Federal.

A Súmula 244 do TST prevê a estabilidade provisória da gestante na hipótese de dispensa arbitrária mediante conhecimento da gravidez por parte do empregador.

Entretanto, não fará jus à estabilidade a gestante que firmar contrato por prazo determinado, inclusive no contrato de experiência, safra e obra certa, pois era de conhecimento das partes a data do encerramento do contrato de trabalho.

Na hipótese de encerramento das atividades do empregador, ainda assim fica resguardado o direito à estabilidade em razão do princípio do risco presumido, haja vista que o risco da atividade econômica é do empregador, cabendo a este tutelar a obreira.

6) Empregado Acidentado

A estabilidade do empregado acidentado está prevista no artigo 118 da Lei n. 8.213/91:

> O segurado que sofreu acidente do trabalho tem garantida, pelo prazo mínimo de doze meses, a manutenção do seu contrato de trabalho na empresa, após a cessação do auxílio-doença acidentário, independentemente da percepção de auxílio-acidente.

Ressalta-se, porém, que a estabilidade somente é garantida ao obreiro que gozou benefício acidentário, tendo seu início após a cessação do auxílio, por tempo não inferior a 12 (doze) meses.

Caso o empregado se afastasse do trabalho por tempo superior a 15 (quinze) dias, é de responsabilidade da Previdência Social o pagamento do benefício. Tempo inferior ao apontado, ocorreria a interrupção do contrato de trabalho, sendo responsabilidade do empregador a manutenção dos pagamentos.

Portanto, dois são os requisitos para que o empregado acidentado tenha estabilidade no emprego:

1) Tempo de afastamento superior a 15 (quinze) dias em razão do acidente ou doença profissional;

2) Ter gozado de benefício previdenciário – auxílio-doença acidentário.

Muito se discutiu a respeito da constitucionalidade do artigo 118 da Lei n. 8.213/91 atinente à competência do legislador ordinário para legislar sobre estabilidade. Entretanto o TST reconheceu a constitucionalidade dispositivo, assegurando por meio da Súmula n. 378:

> I – É constitucional o art. 118 da Lei n. 8.213/91 que assegura o direito à estabilidade provisória por período de 12 meses após a cessação do auxílio-doença ao empregado acidentado. II – São pressupostos para a concessão da estabilidade o afastamento superior a 15 dias e a consequente percepção do auxílio-doença acidentário, salvo se constatada, após a despedida, doença profissional que guarde relação de causalidade com a execução do contrato de emprego. III – O empregado submetido a contrato de trabalho por tempo determinado goza da garantia provisória do emprego decorrente de acidente de trabalho prevista no art. 118 da Lei n. 8.213/91.

Importante ressaltar que está assegurada a estabilidade mesmo na hipótese do contrato firmado ser por prazo determinado ou de experiência, o que não o transforma em contrato por prazo indeterminado, mas tão somente garante a estabilidade provisória no emprego pelo prazo de 1 (um) ano a partir da cessação do benefício previdenciário.

O mesmo ocorre se o infortúnio ocorrer durante o cumprimento do aviso-prévio, o que não retira do empregado o direito à garantia de emprego, conforme inteligência das Súmulas 371, parte final, e 378, II, do TST.

7) Diretores de sociedades cooperativas

Foi garantida, por meio da Lei n. 5.764/71, estabilidade de emprego aos empregados de empresas que sejam eleitos como diretores de sociedades cooperativas.

O artigo 55 do referido diploma legal dispõe que:

> Os empregados de empresas que sejam eleitos diretores de sociedades cooperativas pelos mesmos criadas, gozarão das garantias asseguradas aos dirigentes sindicais pelo art. 543 da Consolidação das Leis do Trabalho (Decreto-lei n. 5.452/43).

Referida estabilidade inicia-se com o registro da candidatura se estendendo até 1 (um) ano após o término do mandato.

Diferentemente das outras estabilidades, a garantida aos diretores de sociedades cooperativas abrange apenas os diretores eleitos, não se estendendo aos suplentes.

A estabilidade também não abrange os membros do Conselho Fiscal das sociedades cooperativas, sendo fato que o dispositivo refere-se apenas aos diretores, sendo exigível para apuração de falta grave a instauração de inquérito judicial.

8) Membros de comissão de conciliação prévia

A Lei n. 9.958/2000 criou as Comissões de Conciliação Prévia – CCP, podendo ser constituídas no âmbito dos sindicatos ou empresas.

Ensina Romar (2013, p. 520) que:

> Quando instituída no âmbito da empresa, a CPP será composta de no mínimo dois e no máximo dez membros, sendo que a metade será indicada pelo empregador e a outra metade será eleita pelos empregados. Haverá na CCP tantos suplentes quantos forem os membros titulares. O mandato será de um ano, permitida uma recondução (art. 625-B, CLT).

Aos representantes da CCP, tanto aos titulares quanto aos suplentes, fica resguardada a estabilidade, sendo vedada sua dispensa até 1 (um) ano após o término do mandato, salvo se cometerem falta grave, sendo que o início da estabilidade dar-se-á com a candidatura.

9) Representantes dos empregados no Conselho Curador do FGTS

Destaca-se, inicialmente, que o FGTS é regido por um Conselho Curador, que dita normas e diretrizes, sendo composto por representantes dos trabalhadores, empregadores, órgãos e entidades governamentais.

Os representantes dos trabalhadores e empregadores, bem como seus suplentes, são indicados pelas centrais sindicais e confederações nacionais, nomeados pelo Ministro do Trabalho e Previdência, para exercer mandato de 2 (dois) anos, sendo permitida uma recondução.

Aos respectivos membros é assegurada a estabilidade no emprego, como regra geral, sendo a demissão somente por motivo de falta grave após apuração por meio de processo sindical, consoante preceitua o artigo 3º, § 9º, da Lei n. 8.036/90.

10) Representantes dos empregados no Conselho Nacional de Previdência Social

O artigo 3º da Lei 8.213/91 dispõe sobre o Conselho Nacional de Previdência Social, estabelecendo ser composto por 6 (seis) representantes do governo federal e 9 (nove) da sociedade civil.

Referidos membros e seus suplentes são nomeados pelo Presidente da República, podendo ter mandato de até 2 (dois) anos, permitida uma recondução.

Aos membros do CNPS é assegurada a estabilidade no emprego, até 1 (um) ano após encerramento do mandato, somente podendo ser demitido após apuração de falta grave comprovada por meio de processo judicial.

7.3 Extinção do Contrato de Trabalho

O contrato de trabalho, por tratar-se de um negócio jurídico, inicia-se após convencimento das partes e chega-se ao seu fim por ato volitivo ou convencionamento ou, ainda, por situações alheias à vontade das partes ou, por fim, por inadimplemento das obrigações contratuais.

Portanto, a dissolução do contrato de trabalho pode se dar por meio da: 1. Resilição, quando as partes convencionam o fim do contrato de trabalho, após mútuo acordo de vontade oriunda de conduta do empregador, externada por meio da demissão sem justa causa ou por conduta do empregado, por meio do pedido de demissão; 2. Resolução, quando há o inadimplemento contratual, hipóteses de justa causa; 3. Rescisão, quando declarada a nulidade do contrato ou por; 4. Força Maior, diante da ocorrência de hipóteses que impedem a execução do contrato de trabalho.

Discorre-se, a partir de então, sobre as modalidades de rescisão contratual.

1) Dispensa sem justa causa

Constitui modalidade de rescisão do contrato de trabalho a dispensa sem justa causa que decorre do direito potestativo do empregador.

Entretanto, embora a legislação não vede esta modalidade de dispensa, importante ressaltar, ante o principio da continuidade laborativa e os reflexos da dispensa na vida econômica do obreiro, para que o empregador efetive seu direito tem de resguardar ao empregado a indenização compensatória pelo fim da relação de emprego.

Por assim ser, foi criado pelo artigo 7º, I, da Constituição Federal/88, a indenização compensatória, também prevista no art. 18, § 1º, da Lei n. 8.036/90, ante o regime fundiário que corresponde à multa de 40% sobre o saldo da conta vinculado do FGTS.

Além da multa indenizatória, cuja finalidade é proteger o empregado durante o período de desemprego, também constituem direitos salvaguardados as verbas rescisórias, a saber: saldo de salário, aviso-prévio, 13º salário, férias vencidas e proporcionais acrescidas de 1/3.

Também constitui ônus ao empregador o pagamento de contribuição social equivalente a 10% (dez por cento) dos depósitos do FGTS ao longo da vigência do contrato.

Constitui direito do empregador a criação de um programa de incentivo aos pedidos de demissão voluntária, os quais são chamados de PDV – Pedido de Demissão Voluntária, porém devem garantir aos obreiros direitos mais amplos do que aqueles já resguardados por lei.

Referido programa pode ser instituído unilateralmente pelo empregador por meio de acordo coletivo sem formalidade prevista em lei para sua constituição.

2) Dispensa em decorrência da extinção da empresa e/ou falência

A extinção do contrato de trabalho em decorrência do fim da empresa ou de sua falência não exime o empregador do cumprimento do ônus trabalhista perante seus funcionários.

Isso porque a própria CLT prevê que os riscos da atividade econômica são exclusivos do empregador e o insucesso profissional não pode ser repassado aos trabalhadores.

No entanto, não constitui óbice para a rescisão o fato de o empregado gozar de estabilidade provisória e/ou outras garantias de emprego, hipótese que não se fala em reintegração ou indenização em razão do período de estabilidade.

A fim de dirimir as controvérsias atinentes ao tema, o TST posicionou-se quanto ao dirigente sindical e ao membro da CIPA, ao publicar as Súmulas n. 369, IV, e 339, II, que assim dispõem:

> Súmula 369, IV, do TST: Havendo extinção da atividade empresarial no âmbito da base territorial do sindicato, não há razão para subsistir a estabilidade;
> Súmula 339, II do TST: A estabilidade provisória do cipeiro não constitui vantagem pessoal, mas garantia para as atividades dos membros da CIPA, que somente tem razão de ser quando em atividade a empresa. Extinto o estabelecimento, não se verifica a despedida arbitrária, sendo impossível a reintegração e indevida a indenização do período estabilitário.

Mesmo na hipótese de rescisão do contrato em razão da extinção da empresa e/ou sua falência, ficam resguardadas ao empregado todas as verbas rescisórias, bem como o saldo de salário até o encerramento definitivo das atividades da empresa, conforme preceitua a Súmula 173 do TST, *in verbis*: "Extinto, automaticamente, o vínculo empregatício com a cessação das atividades da empresa, os salários só são devidos até a data da extinção".

Incide, também, nessa modalidade de rescisão contratual, a obrigatoriedade do pagamento do aviso-prévio.

3) Dispensa por justa causa

A justa causa constitui conduta faltosa do empregado, portanto falta grave, sendo justificável a rescisão do contrato de trabalho, ante a impossibilidade de continuidade da relação de emprego.

Configurada a dispensa por justa causa, constituirá verbas rescisórias a serem pagas ao trabalhador: saldo de salário e férias vencidas, acrescidas de 1/3, se existentes, em razão da natureza disciplinar de sua conduta.

O artigo 482 da CLT elenca taxativamente as hipóteses para configuração da justa causa, a saber: improbidade, incontinência de conduta, mau procedimento, negociação habitual ou em serviço, condenação criminal sem *sursis*, desídia, embriaguez habitual ou em serviço, violação de segredo da empresa, indisciplina, insubordinação, abandono de emprego, ato lesivo da honra e boa fama, ofensas físicas e prática de jogos de azar.

Ressalta-se que, uma vez configurada a justa causa no decurso do aviso-prévio, retira-se do empregado o direito às verbas rescisórias, conforme preceitua a Súmula n. 73 do TST: "A ocorrência de justa causa, salvo a de abandono de emprego, no decurso do aviso-prévio dado pelo empregador, retira do empregado qualquer direito às verbas rescisórias de natureza indenizatória".

Todavia, para configuração da justa causa, importante restar evidenciado o preenchimento de alguns requisitos, entre eles: legalidade – somente configura hipótese de justa causa aquelas elencadas no texto legal; proporcionalidade – a sanção deve ser proporcional à conduta faltosa, ou seja, a proporcionalidade decorre de uma análise precisa da gravidade do ato faltoso; imediatidade – é imprescindível que o empregador tome a medida punitiva assim que tomar conhecimento da conduta faltosa do empregado de maneira imediata, sob pena de configuração do perdão tácito ante o decurso do tempo; *non bis in idem* – não pode ocorrer mais de uma punição para o mesmo fato, haja vista que "o direito de punir que lhe é assegurado esgota-se, em relação a cada falta praticada pelo empregado, com a aplicação da punição" (ROMAR, 2013, p. 469), sendo vedada, portanto, a dupla punição.

4) Pedido de demissão

O pedido de demissão constitui direito do empregado sempre que não quiser manter ou dar continuidade à relação de emprego.

Ante a presunção da continuidade laborativa, todo o pedido de demissão, embora decorra de ato de vontade unilateral do empregado, deve ser provado pelo empregador, nos termos do disposto na Súmula 212 do TST.

Cabe discorrer, ainda, que estando o empregado em gozo de estabilidade ou qualquer outra garantia de emprego, seu pedido de demissão, para ser considerado válido, necessário que esteja assistido pelo sindicato da respectiva categoria profissional e se ausente perante o órgão local do Ministério do Trabalho ou, ainda, perante a Justiça do Trabalho.

Sobre os direitos resguardados ao empregado, destaca-se que aquele que pede demissão tem o dever de dar aviso-prévio ao empregador, sob pena de perder o saldo de salários do período, restando resguardado o direito às férias proporcionais e vencidas acrescidas de 1/3, bem como 13º salário proporcional.

Entretanto, resta vedado ao empregado que pedir demissão o direito ao saque do saldo da conta vinculado do FGTS, que se transforma em uma conta inativa, bem como da multa indenizatória (40%), passando a ter direito ao saque dos valores somente depois de 3 (três) anos ininterruptos sem vinculação ao regime fundiário.

5) Dispensa indireta

A dispensa indireta constitui modalidade de rescisão contratual a pedido do empregado após configuração de falta gravosa do empregador, que inviabilize a manutenção do contrato de trabalho.

Importante destacar que a dispensa indireta não se confunde com o pedido de demissão, pois neste inexiste falta grave do empregador, mas tão somente ato volitivo do empregado em rescindir a relação de emprego.

Dispõe a CLT, em seu artigo 483, as hipóteses de justa causa do empregador, em rol taxativo, a saber: exigir do empregado serviços superiores às suas forças; exigir do empregado serviços defesos por lei; exigir do empregado serviços contrários aos bons costumes; exigir do empregado serviços alheios ao contrato; tratar o empregado com rigor excessivo; colocar o empregado em situação em que corra perigo manifesto de mal considerável; não cumprir as obrigações do contrato; praticar contra o empregado, ou pessoas de sua família, ato lesivo da honra e boa fama; ofender fisicamente o empregado, salvo em caso de legítima defesa, própria ou de outrem; e reduzir o trabalho do empregado, sendo este por peça ou tarefa, de forma a afetar sensivelmente a importância dos salários.

Para configuração da justa causa, importante frisar a necessidade do preenchimento dos requisitos legais, a saber: legalidade, proporcionalidade, imediatidade, *non bis in idem* e, para alguns doutrinadores, caráter determinante da falta e nexo causal.

Na hipótese de rescisão em razão da dispensa indireta, fica resguardado ao empregado o direito a todas as verbas rescisórias, como se tratasse de uma dispensa sem justa causa.

6) Morte do empregado ou empregador pessoa física

Ante a característica da pessoalidade inerente ao contrato de trabalho, a morte do empregado ou empregador, se pessoa física, constitui modalidade de extinção do contrato de trabalho.

Verificada a morte do empregado, fica resguardado aos seus herdeiros o direito ao recebimento das verbas rescisórias devidas como se fosse modalidade de rescisão sem justa causa.

No tocante aos valores devidos do FGTS, eles serão pagos aos herdeiros habilitados à Pensão por Morte, após avaliação pela Previdência Social, em quotas iguais, ou, na ausência de pensionista, reger-se-ão pelas regras do Direito Civil, para fins de sucessão, cujo levantamento dos valores prescindirá de alvará judicial.

Objetivando a proteção aos filhos menores, a legislação determinou que os valores devidos aos menores de 18 (dezoito) anos ficarão depositados em uma conta em nome do menor, rendendo juros e correção, somente podendo ser levantada após completar maioridade ou por ordem judicial, desde que comprovada a destinação para compra de imóvel para fim de moradia do menor.

Na hipótese de morte do empregador não vislumbrada a continuidade laborativa dos herdeiros, o que constitui modalidade de sucessão de empregador, restará rescindindo do contrato de trabalho, resguardados ao obreiro todos os direitos às verbas rescisórias devidas e previstas no ordenamento jurídico, bem como a multa indenizatória do FGTS.

Na hipótese de sucessão de empregador, será facultado ao empregado o direito de escolher se manterá ou não vínculo de trabalho.

Caso a opção seja pela rescisão do contrato de trabalho, serão devidas todas as verbas rescisórias, divergindo a doutrina apenas no tocante ao pagamento da multa indenizatória do FGTS.

Nesse diapasão, dar-se-á ênfase aos ensinamentos de Romar (2013, p. 476/477):

> Mauricio Godinho Delgado entende que "sendo a dissolução contratual do interesse do obreiro, ela far-se-á sem o ônus do pedido de demissão, embora também sem as vantagens rescisórias da dispensa injusta ou rescisão indireta. Ou seja, o trabalhador saca o FGTS, mas sem os 40% (...)".
>
> Arnaldo Sussekind, porém adota entendimento em sentido contrário e, analisando a previsão do art. 483, § 2º, da CLT, afirma: "Em caso de morte do empregador constituído em uma firma individual, o § 2º do mesmo artigo faculta ao empregado a resilição do contrato de trabalho. Nessas hipóteses, como reza o *caput* do artigo, o empregado terá direito à indenização compensatória que se soma aos depósitos do FGTS – indenização a que não tem direito, em regra, o trabalhador que resolve despedir-se". A análise do dispositivo legal aplicável à hipótese nos leva a aceitar como correto este segundo posicionamento, pois a previsão que dá ao empregado a faculdade de rescindir o contrato de trabalho em caso de morte do

empregador constituído em empresa individual está contida no § 2º do art. 483 da CLT, artigo este que trata das hipóteses em que se reconhece o direito do empregado de promover a rescisão indireta do contrato de trabalho, com o recebimento de todas as verbas rescisórias a que teria direito caso fosse dispensado sem justa causa pelo empregador, inclusive a indenização de 40% dos depósitos do FGTS. Assim, se o legislador colocou esta previsão em um dos parágrafos desse artigo, certamente teve a intenção de dar à hipótese o mesmo tratamento da rescisão indireta calcada em justa causa do empregador.

Pode-se concluir, assim, que a jurisprudência vem acompanhando o entendimento de que, na hipótese de morte do empregador, ainda diante da sucessão e da faculdade conferida ao empregado de manter ou não o contrato de trabalho por ser considerada como modalidade de rescisão indireta, fica resguardado o direito ao recebimento da multa indenizatória de 40% dos depósitos do FGTS.

7) Extinção por força maior e *factum principis*

A hipótese de extinção do contrato de trabalho por força maior encontra-se disciplinada no artigo 501 e ss. da CLT e decorre de fato inevitável e/ou imprevisível à vontade do empregador.

Ocorrida a extinção da empresa ou do estabelecimento por motivo de força maior, sendo necessária a rescisão do contrato de trabalho, a indenização devida será paga pela metade, todavia ficam resguardadas todas as verbas rescisórias.

No entanto, evidenciado o *factum principis*, que consiste na paralisação dos serviços por conduta motivada de autoridade municipal, estadual ou federal, ou pela promulgação de lei ou resolução que inviabilize a continuidade da atividade, a indenização será devida em sua integralidade assim como as verbas rescisórias, que ficarão a cargo da autoridade responsável pela suspensão do trabalho.

Importante frisar que em ambas as modalidades não se pode evidenciar a culpa do empregador. Caso contrário, fica impedida a aplicação do disposto no artigo 486 da CLT.

8) Aposentadoria

A Lei n. 8.213/91 disciplina todos os benefícios previdenciários, entre os quais as "aposentadorias".

Sendo notório, de acordo com o ordenamento jurídico vigente, que as aposentadorias não colocam fim a relação de emprego, importante estudar cada espécie e seus reflexos.

1) Aposentadoria espontânea – por idade ou tempo de contribuição

Na aposentadoria por idade ou tempo de contribuição, fica resguardado ao obreiro aposentado, caso ocorra uma dispensa sem justa causa, o direito a todas as verbas rescisórias.

Tendo em vista a previsão na Lei n. 8.213/91 de que não era obrigatória a prova do desligamento do empregado da empresa como requisito para concessão das diversas espécies de aposentadorias, restou pacificado que todo o questionamento residia no dever ou não do empregador de indenizar os 40% (quarenta por cento) do saldo do FGTS, caso houvesse uma dispensa sem justa causa.

Referido questionamento muito foi debatido, pois, para alguns doutrinadores, caso houvesse a rescisão em decorrência da aposentadoria, os valores devidos a título de indenização sobre o saldo do FGTS seriam apenas os correspondentes ao período em que esteve vigente o contrato de trabalho, enquanto, para outros, se mantida a relação de emprego, a indenização deveria corresponder ao montante devido antes e depois da concessão do benefício.

O TST, à época, objetivando posicionar-se, publicou a OJ SDI-1 177, que previa:

> A aposentadoria espontânea extingue o contrato de trabalho, mesmo quando o empregado continua a trabalhar na empresa após a concessão do benefício previdenciário. Assim sendo, indevida a multa de 40% do FGTS em relação ao período anterior à aposentadoria.

Todavia, o posicionamento do STF, ao julgar as Ações Direta de Inconstitucionalidade (ADI) n. 1.721-3-DF e 1.770-4/DF, foi em sentido contrário, sustentando que a aposentadoria voluntária não coloca fim ao contrato de trabalho.

Diante do entendimento do STF firmado em outubro de 2006, após sucessivas interpretações jurisprudenciais distintas, o TST adotou nova orientação publicando a OJ SDI-1 361, com a seguinte redação:

> A aposentadoria espontânea não é causa de extinção do contrato de trabalho se o empregado permanece prestando serviços ao empregador após a jubilação. Assim, por ocasião da sua dispensa imotivada, o empregado tem direito à multa de 40% do FGTS sobre a totalidade dos depósitos efetuados no curso do pacto laboral.

Assim, a convergência dos entendimentos jurisprudenciais colocou fim às controvérsias sobre o direito ao pagamento da multa de 40% (quarenta por cento) sobre o saldo existente do FGTS quando houvesse concessão de aposentadoria no curso do contrato de trabalho.

2) Aposentadoria por invalidez

A aposentadoria por invalidez encontra-se disciplinada no artigo 42 da Lei n. 8.213/91, sendo devida ao segurado que ficar incapacitado, de maneira total e permanente, em decorrência de doença ou acidente, para toda e qualquer atividade profissional que garanta sua sobrevivência.

Referida espécie de aposentadoria também não é causa de extinção do contrato de trabalho, diante do que prevê o artigo 475 da CLT, que estabelece que, durante o período de vigência da aposentadoria por invalidez, fica o contrato de trabalho suspenso.

Constatada a recuperação da capacidade laborativa do obreiro, seja de forma total seja parcial, deve ser observado o disposto no art. 47 da Lei n. 8.213/91, em conjunto com os artigos 477, 478 e 497 da CLT e com o artigo 19 da Instrução Normativa MTPS/SNT n. 2, de 12.3.1992.

Dos referidos dispositivos é possível extrair o entendimento de que constitui direito do empregado e dever do empregador, caso ocorra a cessação do benefício, o retorno à sua atividade profissional e/ou dever de indenização ante a rescisão do contrato de trabalho.

O entendimento majoritário restou evidenciado na Súmula 160 do TST, com a seguinte redação: "Cancelada a aposentadoria por invalidez, mesmo após cinco anos, o trabalhador terá direito de retornar ao emprego, facultado, porém, ao empregador, indenizá-lo na forma da lei".

Portanto, a concessão da aposentadoria por invalidez acarreta a suspensão do contrato de trabalho, haja vista conter regras específicas a serem observadas para se dar continuidade ao contrato de trabalho.

3) Aposentadoria compulsória, por iniciativa do empregador

O artigo 51 da Lei n. 8.213/91 dispõe que a aposentadoria por idade poderá ser requerida pelo empregador, quando comprovar que o empregado atingiu a idade mínima de 70 (setenta) anos, se homem, ou 65 (sessenta e cinco), se mulher. Esta é a chamada aposentadoria compulsória.

Tendo em vista que esta modalidade de aposentadoria decorre de conduta do empregador, não há como se negar tratar-se de modalidade de rescisão contratual.

Nesse caso, fica resguardado ao empregado o direito à indenização prevista na legislação trabalhista, decorrente de regime fundiário (FGTS), tendo por base todos os valores depositados até um dia antes da concessão do benefício.

O fundamento legal para obrigar o empregador a efetivar o pagamento da multa é decorrente do seu direito potestativo e de sua conduta volitiva em dar fim ao contrato de trabalho.

Destaca-se, por derradeiro, que existem algumas formalidades que devem ser observadas na extinção do contrato de trabalho.

Entre elas: a documentação para formalização do ato prescinde de um termo de rescisão ou recibo de quitação com a discriminação de todos os valores pagos no ato da rescisão; capacidade civil do obreiro, sendo que os menores devem sempre estar assistidos por seus representantes legais; homologação da rescisão de contrato pelo órgão competente, sendo que cabe ao sindicato da respectiva categoria profissional homologar as rescisões cujos contratos superem 1 (um) ano de vigência e na sua impossibilidade ou inexistência pelo órgão fiscalizador do trabalho competente (Ministério do Trabalho e Emprego, Justiça do Trabalho); quitação expressa de todos os valores devidos presentes no instrumento rescisório e prazo para pagamento das verbas rescisórias, que deve obedecer àqueles previstos no ordenamento jurídico. O pagamento deve ser efetivado em dinheiro, cheque ou depósito bancário e pago até o primeiro dia útil após o término do contrato de trabalho, se houver cumprimento do aviso-prévio ou até 10 (dez) dias contados da rescisão se restou consignada a dispensa para cumprimento do aviso.

O pagamento dos valores devidos fora dos prazos consignados acarreta a aplicação da multa prevista no artigo 477 da CLT, equivalente a 1 (um) salário do obreiro.

Destaca-se, por derradeiro, que a dispensa do empregado em prazo não inferior a 30 (trinta) dias da data-base acarreta o pagamento de uma indenização adicional correspondente a 1 (um) salário mensal, conforme preceitua o artigo 9º da Lei n. 6.708/79 e a Lei n. 7.238/84 c/c o disposto na Súmula 242 do TST.

7.4 Reflexos no Aviso-Prévio

Impende ressaltar que o aviso-prévio é um instituto típico dos contratos por prazo indeterminado e consiste na notificação de um dos sujeitos da relação contratual da vontade de colocar fim à relação de emprego.

Para Garcia (2007, p. 425):

> O aviso-prévio pode ser conceituado como a comunicação que uma parte faz à outra, no sentido de que pretende findar o contrato de trabalho. Como pode se notar, o aviso-prévio pode ser concedido tanto pelo empregador, como também pelo empregado, dependendo de quem está tomando a decisão de fazer cessar o vínculo de emprego.

Já Saraiva (2009, p. 312) leciona que "O aviso-prévio tem sua origem no Direito Civil. É a comunicação antecipada de uma parte a outra, do desejo de romper o contrato, estabelecendo um termo final à relação jurídica existente entre os contratantes".

Portanto, se o aviso-prévio decorre de ato volitivo de qualquer das partes, significa dizer que também deve ser aplicado às modalidades de contrato por prazo determinado, nos termos da Súmula n. 163, do TST: "Cabe aviso-prévio nas rescisões antecipadas dos contratos de experiência, na forma do art. 481 da CLT".

O instituto do aviso-prévio encontra-se disciplinado no artigo 7º, inciso XXI, da Constituição Federal de 1988, constituindo um direito extensível a todos os tipos de trabalhadores.

Após promulgação da Lei n. 12.506/2011, o aviso-prévio passou a ter disciplina diferenciada, enfatizando a proporcionalidade da duração do aviso-prévio levando-se em consideração o tempo de serviço do obreiro.

Dispõe o artigo 487, §§ 1º e 2º, da CLT que, embora não exista formalidade expressa quanto ao aviso-prévio, importante que ele seja comunicado na forma escrita, nos 30 (trinta) dias que antecedem a rescisão contratual.

Com a inovação da Lei n. 12.506/2011, passou-se a ter uma regra base, garantida constitucionalmente, de no mínimo 30 (trinta) dias e uma regra adicional, levando-se em consideração a duração do contrato de trabalho.

Restou consignado no referido ordenamento jurídico que a cada 1 (um) ano de serviço serão acrescidos 3 (três) dias em favor do trabalhador quando do pagamento do aviso-prévio. Ou seja, para cada ano adicional ao primeiro ano, somam-se 3 (três) dias.

Embora a Carta Magna estabeleça regras específicas sobre o aviso-prévio, nada impede que existam previsões em acordos ou convenções coletivas, desde que mais benéficas ao trabalhador.

As novas regras sobre o aviso-prévio somente serão aplicadas aos contratos de trabalho que forem rescindidos a partir da publicação da Lei n. 12.506/2011, ou seja, a partir de 13 de outubro de 2011, consoante preceitua a Súmula n. 441, TST: "O direito ao aviso-prévio proporcional ao tempo de serviço somente é assegurado nas rescisões de contrato de trabalho ocorridas a partir da publicação da Lei n. 12.506, de 13 de outubro de 2011".

Outro aspecto importante a ser ressaltado é que a proporcionalidade inovada pela Lei n. 12.506/2011 somente se aplica nas hipóteses de dispensa sem justa causa ou a pedido, ante a proteção garantida ao obreiro considerada a parte mais fraca da relação jurídica.

Na hipótese de culpa recíproca, o valor do aviso será de 50% (cinquenta por cento) do valor correspondente devido.

Todavia, se cometida uma falta grave no curso do aviso-prévio pelo empregador, o empregado ficará liberado do cumprimento do restante do aviso e o empregador obrigado ao pagamento da remuneração remanescente, além das verbas indenizatórias; porém, se cometida pelo empregado, não fará jus ao restante do aviso, além de perder o direito às verbas rescisórias de natureza indenizatória.

Fica resguardado o pagamento do aviso-prévio mesmo quando há cessação das atividades da empresa, pois o pagamento da indenização por si só não exclui o direito do trabalhador.

Existem, entretanto, dois tipos de aviso-prévio: o trabalhado, quando o obreiro permanece prestando serviço durante o lapso do aviso, e o indenizado, quando o empregador, após noticiar o fim da relação de emprego, não quer a continuidade da prestação do serviço.

Como já dito, o aviso-prévio integra o tempo de serviço para todos os fins legais, mesmo quando indenizado, razão pela qual as verbas rescisórias devem ser projetadas até o seu término.

Na hipótese de concessão de auxilio-doença no curso do aviso--prévio, o seu cumprimento fica sobrestado até o término do benefício. Inteligência da Súmula n. 371, do TST:

> A projeção do contrato de trabalho para o futuro, pela concessão do aviso-prévio indenizado, tem efeitos limitados às vantagens econômicas obtidas no período de pré-aviso, ou seja, salário, reflexos e verbas rescisórias. No caso de concessão de auxílio doença no curso do aviso-prévio, todavia, só se concretizam os efeitos da dispensa depois de expirado o benefício previdenciário.

Vale lembrar, ainda, que a prescrição para ajuizamento da reclamação trabalhista somente começa a fluir depois de decorrido o prazo do aviso, e se houver algum reajuste salarial no período de cumprimento, o obreiro fará jus aos valores atualizados.

Constitui o aviso-prévio direito irrenunciável pelo empregado, somente podendo ser dispensando se houver efetiva comprovação de que o obreiro arrumou novo emprego (Súmula n. 276, TST); também, não pode ser transformando em horas extraordinárias, sendo que seu cumprimento fica condicionado a uma jornada diferenciada, que pode ser com redução de 2 (duas) horas diárias ou de 7 (sete) dias corridos antes do término do aviso, haja vista a finalidade do aviso ser possibilitar ao trabalhador uma nova recolocação no mercado de trabalho.

Embora o aviso-prévio seja ato do empregador, é plenamente possível que o empregado requeira as contas e, neste caso, é ele quem concederá o aviso ao empregador.

O ordenamento jurídico prevê a possibilidade de haver reconsideração do aviso-prévio, porém condicionada à aceitação da parte contrária, que pode ser de maneira tácita, quando houver continuidade da prestação de serviço, ou expressa, razão pela qual constitui ato bilateral.

Entretanto, se o obreiro estiver gozando de estabilidade no emprego não há que se falar em aviso-prévio, haja vista a incompatibilidade dos institutos. Veja-se o que diz a Súmula n. 348 do TST, neste sentido: "É inválida a concessão do aviso-prévio na fluência da garantia de emprego, ante a incompatibilidade dos dois institutos".

Atinente ao dirigente sindical, cumpre ressaltar que o registro de sua candidatura no curso do aviso-prévio, ainda que indenizado, não garante a estabilidade, conforme a Súmula n. 369, TST:

> (...) V – O registro da candidatura do empregado a cargo de dirigente sindical durante o período de aviso-prévio, ainda que indenizado, não lhe assegura a

estabilidade, visto que inaplicável a regra do § 3º do art. 543 da Consolidação das Leis Trabalhistas.

Como regra geral, tem-se que o aviso-prévio pode ser trabalhado ou indenizado conforme convencionado entre as partes. Na hipótese de aviso-prévio trabalhado, as verbas rescisórias deverão ser quitadas no primeiro dia útil após o término do aviso; entretanto, se indenizado, até o décimo dia após a comunicação da rescisão do contrato de trabalho.

Há uma espécie de aviso-prévio denominado "cumprido em casa" que, embora não previsto em lei, tem sido bastante utilizado nas relações trabalhistas. Todavia, a jurisprudência critica tal modalidade de aviso, condicionando o pagamento das verbas rescisórias ao prazo previsto para a hipótese de aviso trabalhado, ou seja, até o décimo dia da notificação da despedida.

7.5 Reflexos no Contrato por Prazo Determinado

Atinente ao item abordado, ressalta-se que o contrato por prazo determinado constitui modalidade de contrato a termo, uma vez que fica estipulada entre as partes (empregado e empregador) data para encerramento.

Ao tratar do contrato por prazo determinado, a Consolidação das Leis do Trabalho – CLT, estabelece em seu artigo 443, § 1º, que:

> Considera-se como de prazo determinado o contrato de trabalho cuja vigência depende de termo prefixado ou da execução de serviços específicos ou ainda da realização de certo acontecimento suscetível de previsão aproximada.

Significa dizer que o contrato a termo possui prazo prefixado, prescinde de serviços especificados e da realização de determinado acontecimento.

Vale lembrar que o prazo de vigência do contrato determinado é de, no máximo, 2 (dois) anos, sendo permitida sua prorrogação por uma única vez. Porém, caso já tenha sido fixado no prazo máximo, não poderá ser prorrogado, sob pena de ser considerado por prazo indeterminado.

Tendo em vista que constitui característica deste tipo de contrato a previsibilidade do seu término, não há cumprimento de aviso-prévio, nem tampouco se opera as hipóteses de suspensão e interrupção do contrato de trabalho, bem como não fica resguardado o direito à estabilidade.

Quanto às hipóteses de suspensão e interrupção do contrato em razão do recebimento de benefício por incapacidade – auxílio-doença ou aposentadoria por invalidez, a regra é que se aplicam seus efeitos, haja vista que as partes, quando acordam esta modalidade de contrato, já possuem ciência da data do encerramento dele. No entanto, importante ressaltar que referida regra contém exceção quando as partes, em ato volitivo, acordam em interromper o prazo do contrato, diante da ocorrência de riscos sociais passíveis de proteção previdenciária (enfermidade).

Aventada a hipótese do recebimento de benefício previdenciário em decorrência de acidente do trabalho, a regra, ante a responsabilidade do empregador pelo acidente, garantida constitucionalmente, é que durante o período de recebimento do benefício fica suspenso o lapso temporal que colocará fim ao contrato por prazo determinado. Somente quando da cessação do benefício é que o prazo voltará ao seu curso normal conforme pactuado entre as partes.

Em resumo, ante a disposição normativa contida na Consolidação das Leis do Trabalho, aventada a hipótese de suspensão ou interrupção do contrato de trabalho em decorrência de recebimento de benefício por incapacidade, decorrido o lapso temporal do contrato por prazo determinado, este cessará automaticamente. Como exceção, será caso decorrente de acidente do trabalho ou acordo pactuado entre as partes (empregado e empregador).

Não é garantido, também, nos contratos por prazo determinado, o direito à estabilidade. Assim, se uma empregada ficar grávida ao término do prazo aventado, terá seu contrato rescindido.

Nesse caso, não subsistirá ao empregador o ônus de custear o salário-maternidade, cuja obrigação recairá sobre o INSS.

Discute-se muito acerca de situações em que o empregador efetua o pagamento do benefício à empregada gestante, mesmo sem obrigatoriedade. Nesse caso, poderá solicitar, perante o INSS, a dedução dos valores pagos sobre a contribuição previdenciária devida em folha de pagamento.

7.6 Reflexos após o Término do Contrato de Trabalho

Vale ressaltar que o recebimento de benefício previdenciário pode ter reflexos mesmo após encerrada a relação de emprego.

Sabe-se que, com o encerramento do contrato de trabalho, não subsiste, para os sujeitos da relação de emprego, qualquer direito ou dever recíproco. Entretanto, é resguardado o dever do sigilo profissional, de lealdade e boa-fé.

Todavia, há situações em que o recebimento do benefício tem seus efeitos refletidos no contrato já encerrado.

Hipótese a ressaltar refere-se à dispensa de empregada gestante.

Bem se sabe que a legislação trabalhista garante à obreira grávida o direito à estabilidade. A dispensa imotivada, nesse caso, acarreta indenização, reintegração no cargo, bem como o pagamento dos 120 (cento e vinte) dias de licença pelo empregador.

Dúvidas, entretanto, pairam quando a ex-obreira ficava grávida após o encerramento do contrato. Nesse caso, a concessão e o pagamento do benefício ficam a cargo do INSS, desde que preenchidos alguns requisitos legais, entre os quais a qualidade de segurado.

Sabe-se que a legislação previdenciária (art. 15 da Lei n. 8.213/91) prevê hipóteses legais para a manutenção da qualidade de segurado, fixando, assim, o chamado "período de graça".

Objetivando sanar todas as celeumas atinentes ao tema, foi publicada a Lei n. 6.122, de 14 de junho de 2007, que alterou a redação do artigo 97 do Decreto n. 3.048/99, estabelecendo que a segurada desempregada que ainda estiver em gozo do período de graça fará jus ao recebimento do salário-maternidade, desde que tenha pedido demissão antes da gravidez ou se durante a gestação, nos casos de dispensa por justa causa ou a pedido, já que na demissão sem justa causa, tendo a gravidez ocorrido no curso do contrato de trabalho, o ônus do pagamento do benefício fica a cargo do empregador.

Outra situação passível de gerar controvérsias refere-se à possibilidade da concessão de benefício por incapacidade, mesmo após encerrado o contrato de trabalho, mas que a enfermidade incapacitante tenha se originado do transcurso do contrato.

Assim, evidenciadas as hipóteses de suspensão e interrupção do contrato, a rescisão de contrato é nula, ficando o empregador obrigado a readmitir o funcionário ante a vedação legal de demissão voluntária ou a pedido no período de suspensão do contrato.

Por outro lado, sendo a incapacidade constatada após o encerramento total do contrato, não há que se falar em qualquer nulidade nem tampouco em consequências ao contrato já extinto.

Capítulo 8

BENEFÍCIOS PREVIDENCIÁRIOS EM ESPÉCIE E SEUS REFLEXOS

No presente capítulo, procurar-se-á enfatizar as diversas espécies de benefícios previdenciários e os reflexos decorrentes do seu recebimento no contrato de trabalho e, assim, na relação de emprego, dando-se ênfase aos direitos e deveres do empregado e do empregador.

8.1 Aposentadoria por Invalidez

A aposentadoria por invalidez é uma espécie de benefício previdenciário por incapacidade, deferido quando o segurado apresenta incapacidade total e permanente para o exercício de atividade profissional que garante sua subsistência e que seja insusceptível a reabilitação profissional.

Referido benefício teve sua origem com a Lei Eloy Chaves (Lei n. 4.682/23), que em seu artigo 13 assegurava a concessão do benefício a todo segurado com mais de 10 (dez) anos de serviço que fosse acometido por "invalidez". Ressalta-se que na hipótese de acidente do trabalho ficava dispensado o requisito da carência.

Dentro do contexto histórico do benefício, destacam-se as Constituições Federais de 1934, 1937, 1946 e 1967 que garantiam a cobertura para o evento invalidez, cada qual em dispositivos específicos e, finalmente, a Constituição Federal de 1988 que, no artigo 201, inciso I, elencou a invalidez como risco social passível de proteção previdenciária.

A Lei Orgânica da Previdência Social, também conhecida por LOPS (Le n. 3.807/60), previa em seu artigo 27 que:

> A aposentadoria por invalidez será concedida ao segurado que, após haver percebido auxílio doença pelo prazo de 24 (vinte e quatro) meses, continuar incapaz para o trabalho e não estiver habilitado para o exercício de outro, compatível com as suas aptidões.

Finalmente, a Lei 8.213/91, de 24 de julho de 1991, em seus artigos 42 a 47, disciplinou a aposentadoria por invalidez enfatizando o conceito de invalidez passível de proteção previdenciária.

Desse modo, em seu artigo 42, referido diploma legal define como invalidez a incapacidade para o trabalho de forma total e permanente, assim dispondo:

> Art. 42. A aposentadoria por invalidez, uma vez cumprida, quanto for o caso, a carência exigida, será devida ao segurado que, estando ou não em gozo de auxilio-doença, for considerado incapaz e insusceptível de reabilitação para o exercício de atividade que lhe garanta a subsistência, e ser-lhe-á paga enquanto permanecer nesta condição.

Enquanto para o Direito brasileiro a invalidez significa incapacidade total e permanente, segundo lição de Pulino (2001, p. 115):

> Dentro da complexidade conceitual que viemos de apontar, uma das maiores dificuldades que se apresentam na matéria consiste justamente em precisar a extensão da incapacidade laborativa que dá direito ao segurado de receber este benefício. Apesar dessa dificuldade, não se pode entender, em nosso direito previdenciário, que o "fato gerador" desse benefício assenta-se na incapacidade absoluta, total e completa do segurado, no sentido de que ele deva estar completamente impossibilitado de exercer qualquer tipo de trabalho. Com efeito, o que deve haver para que o segurado faça jus ao benefício é, na dicção da lei, a sua insusceptibilidade de reabilitação "para o exercício de atividade que lhe garanta a subsistência".

Significa dizer que o fato gerador para a concessão do benefício é a incapacidade laborativa, cuja consequência seria a redução de ganhos do segurado com reflexos na sua subsistência e de seus dependentes e a insusceptibilidade de reabilitação profissional.

Neste sentido, continua Pulino (2001, p. 119) ensinando:

> Deduz-se, portanto, que o nível protetivo da previdência social situa-se no patamar não de mera sobrevivência, mas, sim, no de subsistência do trabalhador e seus dependentes, de acordo com a média de seus rendimentos (que serviram de base para as suas contribuições), dentro, é claro, dos limites próprios do regime geral. É este o sentido com que deve ser tomada, em nosso direito, a expressão "que lhe garanta a subsistência", de que se vale o art. 42 da Lei 8.213/91 para configurar a contingência social que afinal dará direito à aposentadoria por invalidez.

Já Mussi (2008, p. 153) esclarece que:

> (...) preocupa-se a previdência social em proteger a incapacidade para o trabalho no manto do benefício previdenciário denominado aposentadoria por invalidez. Ao contrário do que se pensa, a invalidez considerada para fins previdenciários não retrata um quadro em que o indivíduo não dispõe de suas faculdades físicas e mentais. Pode até retratar essa situação, mas nela não subsiste. Na atualidade, tem sido alargado o conceito de invalidez, considerando não apenas a total incapacidade laborativa. Muitas vezes, embora haja alguma capacidade laborativa, o segurado não dispõe de meios para executá-la, até mesmo pela precariedade da sua formação educacional. Por isso, deve ser considerado no caso concreto: o ambiente em que vive o segurado; a idade; o tipo de limitação laborativa; sua capacitação profissional; seu nível de instrução.

Para Viana (2010, p. 24):

> O benefício da aposentadoria por invalidez, previsto na Lei n. 8.213/91, arts. 42 a 47, somente é concedido ao segurado que comprovar documentalmente ao INSS uma incapacidade laborativa insusceptível de recuperação, sendo pago enquanto permanecer essa condição (...).

Esclarecedor mencionar que a invalidez, trazida pelo texto legal, refere-se à incapacidade total e permanente ou incapacidade substancial para o exercício de atividade profissional capaz de garantir ao segurado e seus dependentes meios de subsistência diante do risco social – invalidez, mas sobretudo a impossibilidade de reabilitação profissional, ponto crucial para definição do direito ao benefício.

O texto legal define que, para a concessão da aposentadoria por invalidez, imprescindível a incapacidade total e permanente e a insusceptibilidade do trabalhador para o exercício de atividade profissional que lhe garanta sua subsistência.

Embora haja tipificação legal, o direito ao benefício fica condicionado à avaliação médico-pericial a cargo da previdência social para constatação do grau de incapacidade, sendo deferido ao segurado fazer-se acompanhar por médico de sua confiança, o que, embora previsto legalmente, está em desuso.

A invalidez pode decorrer de doença comum ou acidentária. Na invalidez decorrente de doença comum, imprescindível o cumprimento da carência (12 meses de contribuição anteriores ao início da incapacidade), o que não ocorre se a invalidez decorrer de acidente do trabalho ou acidente de qualquer natureza que dispensam a carência mínima.

Importante mencionar, nesse diapasão, o disposto na Portaria Interministerial MPAS/MS n. 2.998/2001, que traz um rol de doenças que dispensam o cumprimento da carência, mas tão somente a qualidade de segurado quando o segurado for acometido, a saber:

> Tuberculose ativa; hanseníase; alienação mental; neoplasia maligna; cegueira; paralisia irreversível e incapacitante; cardiopatia grave; doença de Parkinson; espondiloartrose anquilosante; nefropatia grave; estado avançado de doença de Paget (osteíte deformante); síndrome da deficiência imunológica adquirida – AIDS; contaminação por radiação, com base em conclusão da medicina especializada; hepatopatia grave.

A legislação previdenciária, por sua vez, não protege os casos de invalidez pré-existente ao ingresso/reingresso no regime geral de previdência social, exceto nas hipóteses decorrentes de agravamento ou progressão da doença.

Via de regra, a aposentadoria por invalidez, é precedida de auxílio-doença (benefício por incapacidade deferido ao segurado portador de doença incapacitante de forma total e temporária), porém não é regra. Sua vigência é contada a partir do 16º dia do afastamento ou a partir da data de entrada do requerimento, caso o mesmo tenha se efetivado após decorrido 30 (trinta) dias do afastamento.

O recebimento da aposentadoria por invalidez, por referir-se a benefício decorrente de incapacidade laborativa, tem grande reflexo no contrato de trabalho.

Como primeiro reflexo, pode-se apontar a obrigatoriedade do empregador em arcar com os 15 (quinze) primeiros dias de afastamento, consoante determinação contida no artigo 43, § 3º da Lei n. 8.213/91, porém não é apenas este.

Conforme relatado anteriormente, no capítulo sobre suspensão e interrupção do contrato de trabalho, quando concedida esta espécie de benefício previdenciário, não se fala em cessação do contrato de trabalho, mas sim em suspensão do mesmo, pois o que há é tão somente impossibilidade de exercê-lo em decorrência da incapacidade laborativa.

Neste sentido, dispõe o artigo 475 da CLT:

> Art. 475 – O empregado que for aposentado por invalidez terá suspenso o seu contrato de trabalho durante o prazo fixado pelas leis de previdência social

para a efetivação do benefício. § 1º – Recuperando o empregado a capacidade de trabalho e sendo a aposentadoria cancelada, ser-lhe-á assegurado o direito à função que ocupava ao tempo da aposentadoria, facultado, porém, ao empregador, o direito de indenizá-lo por rescisão do contrato de trabalho, nos termos dos arts. 477 e 478, salvo na hipótese de ser ele portador de estabilidade, quando a indenização deverá ser paga na forma do art. 497.§ 2º – Se o empregador houver admitido substituto para o aposentado, poderá rescindir, com este, o respectivo contrato de trabalho sem indenização, desde que tenha havido ciência inequívoca da interinidade ao ser celebrado o contrato.

O § 5º do artigo 476-A da CLT, por sua vez, estabelece que:

> Art. 476-A.§5º – Se ocorrer a dispensa do empregado no transcurso do período de suspensão contratual ou nos três meses subsequentes ao seu retorno ao trabalho, o empregador pagará ao empregado, além das parcelas indenizatórias previstas na legislação em vigor, multa a ser estabelecida em convenção ou acordo coletivo, sendo de, no mínimo, cem por cento sobre o valor da última remuneração mensal anterior à suspensão do contrato.

Observa-se que a Consolidação das Leis do Trabalho define que a concessão da aposentadoria por invalidez acarreta suspensão do contrato de trabalho garantindo estabilidade no emprego ao aposentado.

Significa dizer que há garantia de emprego ao obreiro, porém sem incidência de ônus ao empregador, do tipo pagamento de salário, após decorridos mais de 15 (quinze) dias do afastamento, uma vez que a legislação previdenciária determina a responsabilidade pela manutenção dos pagamentos ao INSS, órgão gestor dos benefícios previdenciários.

Caso reste evidenciado que houve cessação da aposentadoria em decorrência da recuperação laborativa do empregado, fica garantido a ele o seu retorno ao trabalho na mesma função e com todas as vantagens deferidas à categoria durante o período em que esteve ausente.

Assim, cessada a incapacidade laborativa, o contrato de trabalho volta a ter seus efeitos normalmente.

Grande discussão paira sobre a irreversibilidade da aposentadoria por invalidez e se a mesma se torna ou não definitiva após o transcurso do lapso de 5 (cinco) anos da sua concessão, bem como a manutenção de todas as garantias auferidas pela categoria profissional durante o período de gozo do benefício.

Sobre a celeuma, esclarecedores são os ensinamentos de Mussi (2008, p. 157/158):

> Este fato se explica pelo caráter provisório deste benefício previdenciário, não mais se tornando definitivo após o transcurso

de cinco anos, ao contrário do que dispunha a ultrapassada Súmula n. 217 do Supremo Tribunal Federal, de 11 de julho de 1.963 e o § 3º do art. 4º da Lei n. 3.332, de 26 de janeiro de 1957. Sob a ótica destas leis, completando cinco anos sem que houvesse recuperação, a aposentadoria seria definitiva, não tendo direito o empregado nem ao retorno, nem à indenização. Ao revés, se dentro desse período o empregado ficasse curado, duas possibilidades: a) retorno ao emprego ou b) recebimento das indenizações legais. O § 6º do art. 27 da Lei n. 3.807/60, por sua vez, estabelecia que a partir dos cinquenta e cinco anos de idade, o segurado empregado ficava dispensado dos exames para fins de verificação de incapacidade e dos tratamentos e processos de reabilitação profissional. Com este dispositivo, restava a interpretação de que após a idade de cinquenta e cinco anos, a aposentadoria por invalidez tornava-se definitiva. Na sequência, o antigo Prejulgado n. 37 do Tribunal Superior do Trabalho, de 21 de setembro de 1.971, dispôs que "cancelada a aposentadoria por invalidez, mesmo após cinco anos, o trabalhador terá direito de retornar ao emprego, facultado, porém, ao empregador, indenizá-lo na forma da lei". Em 1973, o § 7º do art. 6º da Lei n. 5.890/73 estabelecia que o segurado, a partir dos cinquenta anos de idade, ficava dispensado dos exames para fins de verificação de incapacidade e dos tratamentos e processos de reabilitação profissional.

Na data de 11 de outubro de 1982, é publicado no Diário da Justiça da União, a Resolução Administrativa n. 102/82 do Tribunal Superior do Trabalho, que transformou o Prejulgado n. 37 na Súmula n. 160. Hodiernamente, aplica-se a Súmula n. 160, que determina que cancelada a aposentadoria por invalidez, mesmo após cinco anos, o trabalhador terá direito de retornar ao emprego, facultado, porém, ao empregador, indenizá-lo na forma da lei.

Nota-se que constitui característica da aposentadoria por invalidez a sua provisoriedade, tanto que o artigo 101 da Lei 8.213/91, após alteração da sua redação pela Lei n. 9.032/95, estabelece que o segurado em gozo de benefício por incapacidade (auxílio-doença ou aposentadoria por invalidez) ou pensão por morte (pensionista inválido) está obrigado, sob pena de suspensão do benefício, a submeter-se ao exame médico-pericial quando convocado, bem como ao processo de reabilitação profissional e tratamento gratuito, exceto intervenção cirúrgica e transfusão de sangue que são facultativos.

O caráter provisório da aposentadoria por invalidez se dá diante dos inúmeros avanços tecnológicos da medicina capazes de promoverem a recuperação do segurado.

Importante ressaltar que a recuperação da capacidade laborativa do obreiro pode ser imediata ou parcial, hipótese em que se operarão as regras contidas no artigo 47, inciso II, da Lei n. 8.213/91, *in verbis*:

> Art. 47. Verificada a recuperação da capacidade de trabalho do aposentado por invalidez, será observado o seguinte procedimento: I – quando a recuperação ocorrer dentro de 5 (cinco) anos, contados da data do início da aposentadoria por invalidez ou do auxílio doença que a antecedeu sem interrupção, o benefício cessará: a) de imediato, para o segurado empregado que tiver direito a retornar à função que desempenhava na empresa quando se aposentou, na forma da legislação trabalhista, valendo como documento, para tal fim, o certificado de capacidade fornecido pela Previdência Social; ou b) após tantos meses quantos forem os anos de duração do auxílio-doença ou da aposentadoria por invalidez, para os demais segurados; II – quando a recuperação for parcial, ou ocorrer após o período do inciso I, ou ainda quando o segurado for declarado apto para o exercício de trabalho diverso do qual habitualmente exercia, a aposentadoria será mantida, sem prejuízo da volta à atividade: a) no seu valor integral, durante 6 (seis) meses contados da data em que for verificada a recuperação da capacidade; b) com redução de 50% (cinquenta por cento), no período seguinte de 6 (seis) meses; c) com redução de 75% (setenta e cinco por cento), também por igual período de 6 (seis) meses, ao término do qual cessará definitivamente.

Observa-se, pelas disposições contidas no inciso II do artigo supracitado, que o empregado receberá sua remuneração paga pelo empregador concomitantemente ao recebimento do benefício previdenciário, que cessará após decorridos 18 (dezoito) meses.

Importante ressaltar que caso o empregador tenha contratado outro obreiro para a função do aposentado, deverá deixar este ciente, no ato da contratação, de que o funcionário aposentado poderá retornar às suas atividades, hipótese em que estará rescindido o novo contrato de trabalho.

Nesse ponto, importante lembrar a necessidade de que o novo obreiro seja cientificado da sua interinidade na empresa, sob pena do empregador, no ato da rescisão, ter de indenizá-lo.

Todavia, inúmeros doutrinadores, como José Augusto Rodrigues Pinto, Claudia Salles Vilela Vianna, entre outros, lembram que a temporariedade do benefício previdenciário nos termos trazidos pela legislação previdenciária pode levar o substituto a laborar, tanto por prazo indeterminado quanto determinado, sendo injusto, diante de uma rescisão contratual, não ser devidamente indenizado, uma vez que é garantia do obreiro aposentado retornar à sua função quando cessado o benefício.

É também facultado ao empregador não admitir o retorno do empregado após cessado o benefício da aposentadoria, hipótese em que deverá indenizá-lo em virtude da cessação do contrato ou em dobro, caso seja um empregado que goze de estabilidade, nos termos da Súmula n. 220 do Supremo Tribunal Federal.

Há, entretanto, situações nas quais o empregado, que teve o benefício cessado, não retorna ao trabalho, nem tampouco justifica sua ausência, hipótese em que restará configurado o abandono de emprego, o que acarreta a demissão do obreiro por justa causa.

Pode-se concluir, contudo, que constitui ônus do empregador aguardar o retorno do empregado aposentado por tempo indeterminado, assumindo o compromisso de garantir ao obreiro seu retorno ao trabalho a qualquer tempo, mas desde que haja cessação das garantias do emprego que ensejaram a suspensão do contrato de trabalho.

Muitas críticas pairam quanto à provisoriedade da aposentadoria por invalidez, principalmente quando se está diante de um obreiro que não apresenta condições de retornar ao trabalho.

Para isso, explica Mussi (2008, p. 165):

> Não há porque continuar provisório o benefício da aposentadoria por invalidez diante de incapacidade evidentemente irreversível. A transformação da aposentadoria em definitiva pelo perito médico do INSS irá amenizar o número de perícias realizadas pela previdência social, reduzindo o dispêndio do regime e trará ao empregador maior tranquilidade de saber que o contrato de trabalho estará finalmente extinto, podendo ser contratado outro empregado de forma definitiva. Por certo, existem situações em que a invalidez, desde o princípio, mostra-se irreversível. Considerar o caráter provisório nestas situações implica em gastos desnecessários ao INSS, em virtude de perícias injustificadas junto à previdência social. Havendo prognóstico de cura, o contrato deve ser suspenso; não havendo o prognóstico de cura, restará extinto.

Vale lembrar que, embora seja ônus do empregador assumir os riscos de sua atividade econômica, os quais não podem ser transferidos aos empregados, não há empecilhos legais para o encerramento da atividade da empresa, ainda que total ou parcial, mesmo que existam empregados em período de suspensão do trabalho, haja vista a estabilidade ser um direito pessoal do obreiro. Nesse caso, constitui ônus do empregador ressarcir o empregado mediante pagamento das verbas rescisórias e indenizatórias, bem como pagar esta última em dobro, caso o obreiro goze de estabilidade, aplicando-se, assim, para as hipóteses vertentes o disposto nas Súmulas 219 e 220 do Supremo Tribunal Federal.

Não se pode, ainda, perder de vista que poderá o empregado, no período de suspensão do contrato, requerer a rescisão do mesmo, pedido este que deverá ser ignorado ante a condição de hipossuficiência do trabalhador.

Muito se discute quanto ao pagamento das verbas rescisórias em razão da suspensão do contrato de trabalho em decorrência de concessão da aposentadoria por invalidez.

Constitui entendimento majoritário, tanto da doutrina quanto da jurisprudência, embora não haja legislação específica quanto à matéria, que todos os valores devidos a título de verbas rescisórias deverão ser pagas pelo empregador no momento da suspensão do contrato de trabalho, oriunda da concessão do benefício previdenciário, pois, se assim não for, o obreiro poderá jamais receber seus direitos, já que o caráter da provisoriedade do benefício não constitui regra, principalmente quanto se está diante de uma patologia irreversível.

Veda-se, porém, nessa hipótese, o pagamento do aviso-prévio, haja vista que não há rescisão de contrato, bem como da multa sobre o FGTS, já que esta possui natureza indenizatória ante a rescisão do contrato. Se não existe rescisão, não há que se falar em multa, mas tão somente em liberação do saldo do FGTS que constitui direito indisponível do trabalhador.

Discute-se, ainda, a dispensabilidade da manutenção dos depósitos fundiários mesmo na hipótese de concessão da aposentadoria por invalidez oriunda de acidente do trabalho, ficando apenas assegurado este direito enquanto o obreiro estiver em gozo de auxílio-doença por acidente do trabalho.

Repisa-se, conforme anteriormente relatado, que o segurado não pode se recusar à realização da verificação da sua capacidade laborativa, sob pena de suspensão do benefício.

Destaca-se, ainda, conforme preceitua o artigo 70 da Lei 8.212/91[7], que constitui ato discricionário do INSS convocar os segurados para

---

(7) Art. 70. Os beneficiários da Previdência Social, aposentados por invalidez, ficam obrigados, sob pena de sustação do pagamento do benefício, a submeterem-se a exames médicos-periciais, estabelecidos na forma do regulamento, que definirá sua periodicidade e os mecanismos de fiscalização e auditoria.

serem reavaliados, cuja periodicidade e mecanismos de fiscalização ficam ao seu critério.

Entrementes, grandes discussões pairam, as quais inclusive são objeto de inúmeras ações judiciais que tramitam nos Foros Federais do país, quando há cessação do benefício previdenciário pelo INSS, sem que o segurado ainda esteja apto para retornar ao trabalho.

Nessa hipótese, embora constitua dever do empregador readmitir o obreiro, imprescindível que este seja submetido à avaliação pelo médico do trabalho da empresa, para fins de constatação de sua aptidão laboral para, posteriormente, retornar ao trabalho.

Em muitos casos, o que se nota é que os exames de retorno ao trabalho, realizados pelo médico da empresa, não apontam a aptidão do obreiro, cuja controvérsia dá origem a inúmeras ações de natureza previdenciária que refletem no contrato de trabalho, cabendo ao Judiciário a solução da lide.

Há, também, situações em que as concessões decorrem de irregularidades. Nesses casos, o artigo 69 da Lei n. 8.212/91 estabelece que:

> Art. 69. O Ministério da Previdência e Assistência Social e o Instituto Nacional do Seguro Social – INSS manterão programa permanente de revisão da concessão e da manutenção dos benefícios da Previdência Social, a fim de apurar irregularidades e falhas existentes.

Do referido dispositivo, pode-se extrair o entendimento de que a revisão do ato de concessão pode se dar a qualquer momento, pelo INSS, se constatado dolo, fraude ou simulação, ou dentro do prazo decadencial de 10 (dez) anos, se decorrente de erro da própria Autarquia, sem que o segurado tenha contribuído, conforme preceitua a Lei n. 8.213/91.

Constatado o dolo, a fraude ou a simulação, o benefício será extinto e todos os valores recebidos indevidamente deverão ser restituídos aos cofres públicos, sendo o contrato de trabalho rescindido por justa causa. Diante da ausência do dolo, da fraude ou da simulação, mas presente tão somente erro administrativo, os valores não deverão ser restituídos e o contrato de trabalho permanecerá intacto.

Difícil, entretanto, são os casos em que se constata a invalidez sem o cumprimento do período de carência. Nesse caso, não haverá a concessão do benefício previdenciário e poderá o empregador, após decorrido o prazo de proteção social ao emprego, previsto na legislação de regência, demitir o obreiro, que será posto no mercado de trabalho doente e sem qualquer possibilidade de reinserção profissional.

Essa situação constitui falha legislativa, haja vista que a negativa ao benefício previdenciário constitui exclusão social e foge aos princípios da proteção previdenciária que são a justiça e o bem-estar social.

Persiste ainda a discussão, se benefícios decorrentes do contrato de trabalho, como plano de saúde, tíquetes alimentação, entre outros, devem ser mantidos mesmo após a concessão da aposentadoria.

Sobre a controvérsia, explica Vianna (2010, p. 51):

> Com referência ao benefício da Aposentadoria, em análise neste tópico, importa ressaltar que o art. 475 da CLT determina expressamente que o contrato se manterá suspenso e que a suspensão implica a ausência de qualquer obrigação legal por parte do empregador como, por exemplo, a manutenção dos benefícios ajustados contratualmente (plano de saúde, tíquetes-alimentação, viagem anual de férias e outros).
>
> (...)
>
> Assim, se durante a suspensão contratual não são devidos os valores referentes ao salário ou à remuneração, não há razão ou sequer fundamentação legal no sentido de se pretender manter benefícios contratuais, tenham eles natureza salarial (salário-utilidade) ou não.

Significa dizer que a manutenção dos benefícios deferidos contratualmente constitui mera liberalidade do empregador. Entretanto, haverá a obrigatoriedade se a manutenção do benefício estiver prevista em cláusula normativa. E, ainda, caso o empregador, após deferido o benefício, mantenha os pagamentos por mera liberalidade, sua conduta implica incorporação de tal direito ao patrimônio jurídico do obreiro, sendo vedado seu cancelamento futuro, salvo se fixado prazo de manutenção ou por mútuo consentimento das partes, conforme preceitua o artigo 468 da CLT.

Atinente à manutenção dos planos de saúde, a jurisprudência ainda não possui entendimento pacificado, pois, para alguns interpretes, é obrigação do empregador a manutenção do plano de saúde, uma vez tratar-se de garantia de emprego; enquanto, em outros julgados vislumbra-se a ausência de ônus ao empregador, consequência inerente às suspensões contratuais.

Sobre a situação vertente, finaliza Vianna (2010, p. 55) esclarecendo que:

> Nas circunstâncias, e ainda que seja louvável (e até mesmo recomendável) a manutenção das utilidades durante os períodos de afastamento, não se pode pretender que a empresa, qualquer que seja seu porte econômico ou o número de empregados que compõem o quadro funcional, esteja obrigada a custear plano de saúde, tíquetes-alimentação, planos de previdência complementar, seguros de qualquer natureza e outras utilidades contratuais pactuadas entre as partes, durante período incerto de duração da Aposentadoria por Invalidez, que pode permanecer, inclusive, até o óbito do trabalhador. Tal entendimento, lamentavelmente, apenas colabora para que nenhuma empresa implemente plano de benefícios, posto que se sujeita a eventualmente ter que arcar com custos elevados de direitos sociais sem a respectiva contraprestação em serviços pelo trabalhador.

Assim, a manutenção de benefícios contratuais, após concessão da aposentadoria por invalidez, constitui ônus excessivo ao empregador, capaz de ser repudiado pelas normas contratuais.

Sobre a aquisição e concessão de férias, extrai-se do disposto no artigo 133 da CLT que:

> (...) permanecendo o trabalhador afastado de suas atividades profissionais, durante o período aquisitivo por período inferior a seis meses, esse período não trará qualquer alteração no período aquisitivo de férias, devendo ser computado normalmente pelo empregador. No entanto, se o período de afastamento (dentro do mesmo período aquisitivo) for superior a seis meses, perderá o trabalhador o direito às férias do correspondente período, inclusive com prejuízos do período trabalhado, devendo iniciar-se o decurso de novo período aquisitivo quando do retorno às atividades profissionais (VIANNA, 2010, p. 57).

No caso do trabalhador ficar doente no gozo das férias, questiona-se sobre a conduta do empregador, se deve suspender o cumprimento das férias e encaminhar o trabalhador ao INSS, ou aguardar o término do período concessivo e, posteriormente, caso persista a incapacidade laborativa do obreiro, encaminhá-lo ao INSS.

Inicialmente, antes de adentrar ao tema em específico, importante transcrever artigos da legislação vigente.

Esclarece o artigo 60 da Lei n. 8.213/91 que:

> Art. 60. O auxílio-doença será devido ao segurado empregado a contar do décimo sexto dia do afastamento da atividade, e, no caso dos demais segurados, a contar da data do inicio da incapacidade e enquanto ele permanecer incapaz. (...) § 3º Durante os primeiros quinze dias consecutivos ao do afastamento da atividade por motivo de doença, incumbirá à empresa pagar ao segurado empregado o seu salário integral.

Já a Convenção da 132 OIT, que trata das férias anuais, dispõe nos artigos 3º e 6º: dispõe:

> Art. 3º(...) 3 – A duração das férias não deverá em caso algum ser inferior a 3 (três) semanas de trabalho, por 1 (um) ano de serviço. (...) Art. 6º (...) 2 – Em condições a serem determinadas pela autoridade competente ou pelo órgão apropriado de cada país, os períodos de incapacidade para o trabalho resultantes de doença ou de acidentes não poderão ser computados como parte do período mínimo de férias anuais previstos no §3º, do art. 3º da presente Convenção.

A análise conjunta dos dispositivos legais leva à conclusão de que não poderão ser computados os períodos de incapacidade para o trabalho como parte do período de férias anuais, ou seja, os dias de licença médica não devem ser considerados como férias, ainda que tenham sido concedidas no período.

De acordo com a Convenção n. 132 da OIT, o obreiro que estiver em gozo de férias e vier a ser acometido por enfermidade deverá ter suas férias suspensas para encaminhando ao INSS e, assim, requerer benefício previdenciário.

Nota-se que a disposição contida na Convenção n. 132 fere sobremaneira a legislação previdenciária, a qual define as férias como período de afastamento da atividade sendo para concessão do benefício previdenciário, imprescindível que o obreiro, após gozar de suas férias, a partir da cessação e desde que esgotado o prazo do empregador (15 primeiros dias da enfermidade), busque a proteção previdenciária ante a ocorrência do infortúnio.

Tal procedimento, inclusive, encontra-se previsto na Instrução Normativa n. 20/2007 e legislação que rege a matéria (Lei n. 8.213/91, regulamentada pelo Decreto n. 3.048/99), estabelecendo que o prazo para a concessão do benefício por incapacidade inicia-se após cessado o período de férias, e o obreiro ainda pode permanecer incapacitado para o trabalho por mais de 16 (dezesseis) dias.

Tendo em vista que a legislação previdenciária desconhece os termos da Convenção n. 132 da OIT, melhor interpretação seria no sentido de que se aplicam as regras do direito previdenciário, exceto se não causador de lesão a direito do obreiro que, se sentir lesado, poderá procurar as esferas competentes para proteção do direito invocado.

Quanto à gratificação natalina durante o período de gozo de benefício previdenciário – aposentadoria por invalidez, o pagamento fica a cargo do INSS.

Atinente aos prazos para interposição de reclamação trabalhista, constitui entendimento majoritário do Tribunal Superior do Trabalho o de que não há interrupção do prazo prescricional, pois, embora o obreiro não possa exercer atividade remunerada, não se encontra incapacitado para o atos da vida civil, podendo livremente defender direitos oriundos do contrato de trabalho.

8.2 Auxílio-Doença e Acidentário

O auxílio-doença constitui modalidade de benefício por incapacidade e vem disciplinado nos artigos 59 a 64 da Lei n. 8.213/91.

Referido benefício teve sua origem no período da Revolução Industrial, após a luta da classe operária por proteção social diante da ocorrência do infortúnio – doença.

Inúmeras legislações trataram da matéria, porém a conquista da proteção social foi se dando paulatinamente.

Foi, entretanto, a partir da Lei Eloy Chaves (Decreto-lei n. 4.682/23) que ficou consignado em seu texto legal a possibilidade de concessão do auxílio-doença. Todavia, somente era assegurado referido direito ao empregado, vítima de doença, que tivesse necessidade de socorro médico e medicamentos. Por isso, recebeu a nomenclatura de "benefício pecuniário".

Com a LOPS – Lei Orgânica da Previdência Social – LOPS (Lei n. 3.807/60), é que restou consignada a expressão "auxílio-doença" propriamente dita, porém a conceituação legal somente veio com a publicação da Lei n. 8.213/91, que atualmente estabelece as regras para a concessão do benefício.

Segundo o artigo 59 da Lei n. 8.213/91:

> Art. 59. O auxílio-doença será devido ao segurado que, havendo cumprido, quando for o caso, o período de carência exigido nesta Lei, ficar incapacitado

para o seu trabalho ou para a sua atividade habitual por mais de 15 (quinze) dias consecutivos.

O texto legal exige para concessão do auxílio-doença incapacidade laborativa do segurado por tempo superior a 15 (quinze) dias, mas de forma temporária e com prognóstico de recuperação e/ou reabilitação, portanto, cura, qualidade de segurado e cumprimento da carência de 12 (doze) meses anteriores ao início da incapacidade.

Veda, entretanto, a legislação previdenciária, o ingresso ou reingresso ao regime geral de previdência social do segurado já portador de doença incapacitante, salvo na hipótese de agravamento ou progressão da doença (art. 59, parágrafo único).

Grande diferença em relação à aposentadoria por invalidez é que no auxílio-doença tem-se por perspectiva que o segurado retorne a sua atividade laborativa. Por isso, dizer que:

> Benefício previdenciário visa assegurar as condições mínimas de sobrevivência do segurado durante o período em que há a perda da capacidade de trabalho, não importando se a incapacidade adveio de questões físicas ou psicológicas. (MUSSI, 2008, p. 173).

Acometido pelo infortúnio – incapacidade para o trabalho/doença –, o trabalhador, após decorrido o prazo de 15 (quinze) dias, requererá o benefício, junto ao Instituto Nacional do Seguro Social – INSS, órgão gestor e fiscalizador dos benefícios previdenciários.

O benefício do auxílio-doença, então, será concedido ao segurado do regime geral que for acometido por doença que gere incapacidade total e temporária, após decorrido o prazo de interrupção do contrato de trabalho – 15 (quinze) dias, por meio de avaliação médica que definirá o período de vigência do benefício.

Entende-se, então, que durante os primeiros 15 (quinze) dias de afastamento, o contrato de trabalho está interrompido, operando-se a suspensão a partir do 16º (décimo sexto) dia, quando há concessão do benefício na esfera previdenciária.

Pode-se dizer, assim, que neste ponto tem-se o primeiro reflexo do recebimento do auxílio-doença no contrato de trabalho. Entretanto, há outros reflexos.

Também como efeito do recebimento do benefício, tem-se que, a partir do 16º (décimo sexto) dia do afastamento, o empregador se isenta de qualquer ônus inerente ao contrato de trabalho, exceto se convencionado por meio de cláusulas normativas o pagamento de licença remunerada, hipótese em que a empresa fica incumbida de pagar ao empregado qualquer diferença entre o benefício e o valor garantido pela licença.

Tudo isso se justifica pelo fato de que o salário do benefício de auxílio-doença refere-se a uma média salarial oriunda de 80% (oitenta por cento) dos maiores salários de contribuição dentro do período de julho de 1994 até a data do requerimento do benefício, sendo pagos 91% (noventa e um) por cento.

Em algumas situações, o salário de benefício fica abaixo da média salarial do obreiro, portanto abaixo da renda auferida durante o período de prestação do serviço, o que gera incompatibilidade salarial e, portanto, um retrocesso social. Mas, por outro lado, pode gerar valores superiores à remuneração da empresa, o que incita a má-fé, sendo utilizados meios muitas vezes fraudulentos para a manutenção do benefício.

Como dito alhures, o benefício se inicia a partir do 16º (décimo sexto) dia do afastamento, porém não tem data para cessação, uma vez que a data limite fica condicionada às avaliações médicas. Não se pode deixar de mencionar que, embora a perícia médica seja ato discricionário dos peritos do INSS e não tenha regras específicas para cessação, há previsões contidas em Instruções Normativas do Instituto das chamadas "altas programadas", que constituem atrocidades do sistema previdenciário, pois não é presumível que uma singela avaliação pericial possa concluir a data de cessação da incapacidade e recuperação laborativa do obreiro/segurado.

Por serem consideradas como uma injustiça social as tais altas programadas, restou deferido ao segurado que não se encontrar apto para retornar ao trabalho que proceda ao requerimento do pedido de prorrogação do benefício, que deverá ser feito até 15 (quinze) dias antes da alta, ou do pedido de reconsideração, se decorrido o prazo anteriormente citado, tudo na hipótese do segurado não se sentir apto para voltar a exercer suas atividades profissionais.

Nota-se que, deferido o benefício, opera-se a suspensão do contrato de trabalho, como já dito. Portanto, há entre as partes envolvidas relações jurídicas distintas. Entre empregador e empregado há uma relação de cunho trabalhista, da qual decorrem direitos e obrigações, e a outra de cunho previdenciário, entre obreiro/segurado e o INSS.

Na relação trabalhista não há rescisão contratual. Entretanto, os efeitos do contrato de trabalho ficam suspensos, sem ônus ao empregador, já que este fica desobrigado a efetuar qualquer pagamento de cunho salarial; ao empregado fica garantido, após cessação do benefício, seu retorno ao trabalho com todas as garantias conferidas à categoria profissional durante o período de suspensão do contrato; ao empregador é deferido o direito de lealdade e boa-fé, que o empregado deve conferir durante o período de suspensão, sob pena de ensejar uma justa causa e/ou suspensão do benefício, se vislumbrado que se encontra eivado de dolo, fraude ou simulação.

Desconstitui, ainda, ônus ao empregador a obrigatoriedade do pagamento da gratificação natalina, que somente deverá ser paga ao obreiro que dela fizer jus após o retorno ao trabalho e desde que cessada a hipótese de suspensão do contrato de trabalho, bem como dos depósitos fundiários que somente continuam sendo devidos se o afastamento decorreu de acidente do trabalho.

Com relação ao período aquisitivo de férias durante o período de suspensão do contrato, aplicam-se as mesmas regras explicitadas no item anterior, quando foram abordadas as regras da aposentadoria por invalidez.

Importante lembrar, ainda, que para concessão do auxílio--doença não basta que o obreiro/segurado seja acometido por enfermidade incapacitante, mas também que cumpra o período de carência, quando exigido, e apresente qualidade de segurado, que é o vínculo oriundo das contribuições previdenciárias vertidas ao regime geral de previdência social.

Assim como na aposentadoria por invalidez, as enfermidades relacionadas na Portaria Interministerial MPAS/MS n. 2.998/2001 permitem a concessão do auxílio-doença sem o cumprimento da carência mínima requerida ao benefício em espécie.

Vale lembrar que, embora o benefício não tenha um prazo fixo para cessação, sua manutenção fica a cargo da perícia médica do INSS, sendo que constitui dever do segurado comparecer a todos os exames periciais, bem como se submeter a todos os processos de reabilitação e tratamentos custeados pelo INSS, exceto transfusões de sangue e cirurgias que são facultativas, sob pena de suspensão do benefício. Se realizados todos os procedimentos para avaliação da capacidade laborativa do segurado e ficar constatado que o mesmo não apresenta condições de retornar ao trabalho, deverá o auxílio-doença ser convertido em aposentadoria por invalidez ante a irreversibilidade do quadro clínico.

Há situações em que o obreiro passa a ter afastamentos não consecutivos, o que inviabiliza a aplicação da regra contida no artigo n. 59 da Lei n. 8.213/91.

Todavia, nessa situação deve ser observado o disposto no artigo 75, §§ 3º a 5º, do Decreto n. 3.048/99, sendo que, para transcrever o procedimento a ser observado tanto pela empresa quanto pelo INSS, utilizar-se-á dos ensinamentos de Vianna (2010, p. 84):

> Caso o empregado se afaste das atividades profissionais e perceba, por tal razão, o benefício de Auxílio Doença por determinado período, mas, após a alta médica e o retorno ao trabalho, volte a se afastar pela mesma doença dentro de um período de sessenta dias (contados da cessação do benefício anterior), a empresa ficará desobrigada do pagamento relativo a esta nova primeira quinzena, sendo dever do INSS reabrir e prorrogar o benefício anteriormente pago, descontando-se os dias que foram efetivamente trabalhados pelo empregado, se for o caso.
>
> Se o empregado afastar-se do trabalho pelo período exato de quinze dias, retornando ao trabalho no décimo sexto dia, mas dele voltando a se afastar dentro de sessenta dias desse retorno, em decorrência da mesma doença, fará jus ao benefício de auxílio-doença a contar da data desse novo afastamento, não cabendo à empresa o pagamento de nenhum outro dia de ausência em decorrência dessa enfermidade; Na hipótese de o empregado ausentar-se por pequenos períodos, retornando ao trabalho sempre antes de completar quinze dias consecutivos de ausência, o benefício de auxílio-doença terá início no dia seguinte ao que completar esse período (15 dias), ainda que não consecutivo. A empresa, por sua vez, estará obrigada tão somente ao período da primeira quinzena.

Superada a questão atinente aos afastamentos não contínuos, vale lembrar que, operada a suspensão do contrato de trabalho, assim como descrito no item anterior – da aposentadoria por invalidez, não pode haver rescisão de contrato, seja por pedido voluntário do empregado seja por ato do empregador, pois, embora o contrato de trabalho esteja vigente, estão suspensos seus efeitos, de maneira total ou temporária, sendo justificável a rescisão somente nos casos de falta grave, falência da empresa, morte do obreiro ou demais circunstâncias de força maior devida avaliada pela Justiça do Trabalho.

Como dito alhures, os benefícios por incapacidade se subdividem em: aposentadoria por invalidez comum e acidentária, auxílio-doença comum/previdenciário e auxílio-doença por acidente do trabalho.

O auxílio-doença por acidente do trabalho encontra-se previsto no artigo 19 da Lei n. 8.213/91, que define acidente do trabalho como sendo:

> (...) o que ocorre pelo exercício do trabalho a serviço da empresa ou pelo exercício do trabalho dos segurados referidos no inciso VII do art. 11 desta Lei, provocando lesão corporal ou perturbação funcional que cause a morte ou a perda ou redução, permanente ou temporária, da capacidade para o trabalho.

No mesmo diapasão, o artigo 20 do referido normativo legal esclarece que acidente do trabalho não é somente doença de trabalho, mas também doença profissional, assim definindo:

> Doença profissional é a doença produzida ou desencadeada pelo exercício do trabalho peculiar a determinada atividade e constante da respectiva relação elaborada pelo Ministério do Trabalho e Previdência Social; Doença do trabalho é a doença adquirida ou desencadeada em função de condições especiais em que o trabalho é realizado e com ele se relacione diretamente, constante da relação mencionada no inciso I.

Do referido dispositivo pode-se concluir que doença profissional ou do trabalho é aquela produzida ou desencadeada em função do trabalho ou, ainda, adquirida em função dele.

Não constituem, portanto, espécies de doenças profissionais aquelas consideradas degenerativas, inerentes a grupo etário, que não geram incapacidade laborativa ou doença endêmica adquirida por segurado habitante de determinada região.

O acidente do trabalho é gênero do qual são espécies: acidente típico, aquele ocorrido no ambiente de trabalho da empregadora; acidente de percurso/trajeto, que consiste no acidente sofrido no trecho entre o trabalho e a residência ou entre a residência e o trabalho ou, doença profissional.

Ocorrido o acidente do trabalho, constitui dever do empregador comunicá-lo ao INSS no prazo de 24 (vinte e quatro) horas. Diante de sua desídia ou de impossibilidade, a referida comunicação poderá ser feita pelo próprio segurado ou por seus dependentes, por entidade sindical da respectiva categoria profissional, médico ou qualquer autoridade competente.

O nexo de causalidade que evidenciará o direito ao benefício previdenciário dar-se-á por meio de avaliação conjunta da perícia médica do INSS, levando-se em consideração o código da doença e a atividade econômica da empresa.

Caracterizado o acidente, em primazia ao princípio da ampla defesa e do contraditório, fica resguardado ao empregador impugná-lo pelas vias competentes, poder este legitimado por meio das disposições contidas na Lei n. 11.430/2006.

O empregado que se acidentar terá garantida à estabilidade no emprego, por prazo não inferior a 12 (doze) meses; os depósitos fundiários continuarão sendo efetuados pelo empregador, durante o período de suspensão do contrato e será isenta de carência a concessão do benefício.

Ante a estabilidade garantida ao obreiro e o dever do empregador de manter o recolhimento dos depósitos fundiários é que se firmou entendimento no sentido de que, diante de acidente do trabalho, opera-se a interrupção do contrato e não a suspensão, pois o empregador continua suportando ônus relativo ao contrato de trabalho.

Ademais, referido benefício possui as mesmas características do auxílio-doença previdenciário, qual seja, base de cálculo idêntica e renda mensal inicial – RMI – equivalente a 80% (oitenta por cento) dos maiores salários que compõem a base de cálculo, englobando as contribuições de julho de 1994 até a data de requerimento do benefício.

Assim, como primeiro reflexo do recebimento do acidente do trabalho na relação de emprego é tratar-se de espécie de interrupção de contrato, e de não suspensão.

Frisa-se que, nas hipóteses de concessão de acidente de qualquer natureza ou causa, tendo em vista não subsistir ao empregador qualquer ônus, pode-se dizer tratar-se de caso de suspensão do contrato de trabalho.

Como segundo reflexo do recebimento do benefício, pode-se apontar o direito à estabilidade provisória, prevista no artigo 118 da Lei n. 8.213/91, que foi considerado constitucional após julgamento da Ação Direta de Inconstitucionalidade n. 639 pelo Supremo Tribunal Federal, que garantiu ao obreiro acidentado estabilidade de 12 (doze) meses após a cessação do benefício previdenciário, o que inclusive sedimentou o entendimento do TST, por meio da Súmula n. 378.

Destaca-se, todavia, que, para gozar de estabilidade, imprescindível o recebimento de benefício previdenciário decorrente de acidente do trabalho, portanto, afastamento superior a 15 (quinze) dias.

Desse modo, como para as demais espécies de benefícios previdenciários, constatado o direito à estabilidade, fica vedada a rescisão do contrato de trabalho, sob pena de o obreiro ter direito à indenização. A ressalva se dá quando há falta grave ou falência do empregador.

Convertido o auxílio-doença por acidente do trabalho em aposentadoria por invalidez, não será possível invocar o período de estabilidade caso a aposentadoria venha a ser cessada futuramente ante a inexistência de dispositivo legal.

Todavia, para Mussi (2008, p. 189):

> Conquanto não existe dispositivo semelhante, se considerada a interpretação sistemática, o auxílio-doença acidentário, ainda que convertido em aposentadoria por invalidez, dá ensejo à estabilidade de 12 (doze) meses, após a cessação do benefício. Ora, a finalidade da norma é a proteção do trabalhador, com intuito de alcance do bem-estar e justiça sociais. O sistema previdenciário baseia-se no princípio da igualdade e, a partir do momento que estabelece que a aposentadoria por invalidez acidentária (acidente do trabalho) pode ser cessada, exige a estabilidade do empregado que retornar à sua função. Assim, mesmo na hipótese de aposentadoria por invalidez decorrente de acidente do trabalho concedida de imediato (sem recebimento anterior de auxílio-doença), há estabilidade após a sua cessação, ainda que não haja dispositivo legal a respeito.

Portanto, extrai-se do ensinamento supracitado que, mesmo diante da concessão da aposentadoria por invalidez futuramente cessada, pode-se invocar o direito de estabilidade previsto no artigo 118 da Lei n. 8.213/91, ante uma interpretação ampliativa sob o prisma da proteção ao trabalhador e da garantia ao emprego.

Entrementes, importante ressaltar que se trata de interpretação protetiva ao trabalhador, haja vista que a matéria não é pacífica a este respeito ante as divergências doutrinárias e jurisprudenciais.

Discute-se corriqueiramente, e ora invoca-se como outro reflexo do recebimento do benefício no contrato de trabalho, o fato de o INSS proceder à alta do benefício e haver discordância por parte do segurado/empregado.

Diante de tal fato, têm-se duas situações: 1ª cessado o benefício pelo INSS, o empregado comparece perante o empregador apresentando atestados e documentos médicos tendentes à comprovação de sua incapacidade laborativa; 2ª cessado o benefício, o empregado discute sua inaptidão por meio dos recursos administrativos ou por meio de ação judicial.

Na primeira hipótese, estando o empregado de posse de atestados e exames médicos, imprescindível que o empregador, antes de determinar o retorno do obreiro às suas atividades, o submeta à avaliação com médico do trabalho, a fim de realizar o exame de aptidão e, somente em posse do mesmo, tomar a decisão quanto ao retorno do empregado. Se o atestado de aptidão for negativo, não será possível o retorno do funcionário, sob pena de o empregador ter de indenizar um possível agravamento. O retorno ao trabalho somente poderá ser permitido se o exame realizado atestar a aptidão do obreiro.

A segunda situação retrata caso de obreiro que se julga inapto para o trabalho utilizando-se da via administrativa, por meio dos recursos às Juntas e Conselhos de Recursos da Previdência Social, ou da via judicial para ver reconhecido seu direito. Caso a opção seja pelo ajuizamento da ação de concessão e/ou restabelecimento de benefício por incapacidade, após parecer médico, proferido pelo perito nomeado da Justiça Federal, sendo o parecer favorável ao segurado, o INSS será condenado a pagar todos os valores devidos desde a cessação arbitrária do benefício. No entanto, se restar evidenciada a aptidão do empregado/segurado, este deverá retornar ao trabalho, após parecer médico, nos termos do subitem 7.4.1 combinado com o subitem 7.4.3.3 da Norma Regulamentadora n. 7 (PCMSO – Programa de Controle Médico e Saúde Ocupacional), arcando com o ônus da não prestação do trabalho, durante o período de afastamento, haja vista que, neste caso, estará isento de qualquer responsabilidade, tanto o empregador quanto o INSS.

Enfatiza-se, por derradeiro, que, se tratando de benefício por incapacidade, imprescindível, diante de qualquer alegação de inaptidão pelo obreiro/segurado, avaliação por médico do trabalho para constatação da enfermidade e, consequentemente, da incapacidade laborativa.

8.3 Auxílio-acidente

O benefício do auxílio-acidente encontra-se disciplinado no artigo 86 da Lei n. 8.213/91 e é devido sempre que o segurado empregado, após consolidação da lesão decorrente de acidente do trabalho ou acidente de qualquer natureza, tenha sequelas que impliquem redução ou perda da capacidade laborativa anteriormente exercida.

Embora esteja no rol de benefícios previdenciários, não possui risco social a ser protegido de forma direta, mas, por analogia, visa proteger o bem da vida e o direito à saúde, já que sua natureza é puramente indenizatória, tanto que não impede que o obreiro que vier a fazer jus ao benefício permaneça realizando atividades profissionais.

É um dos benefícios que ficam isentos do cumprimento da carência, mas exige a qualidade de segurado e equivale a 50% (cinquenta por cento) do salário de benefício a que fizer jus o segurado lesionado, apurado mediante média aritmética de 80% (oitenta por cento) dos maiores salários dentro do período da base de cálculo – julho de 1994 até a data do requerimento do benefício. Ou seja, o benefício somente será devido após a cessação do auxílio-doença recebido ante a inacumulabilidade deste com outras espécies de benefícios previdenciários.

Trata-se de benefício custeado pelo INSS e concedido após avaliação médico-pericial a cargo do Instituto, devendo perdurar até a morte do segurado ou concessão de qualquer espécie de aposentadoria.

Importante destacar que o auxílio-acidente independe da relação de emprego, sendo devido mesmo que o segurado venha a ficar desempregado, pois, como já dito, sua natureza é meramente indenizatória.

Como efeito perante o contrato de trabalho, destaca-se que não ocorre qualquer das hipóteses legais (suspensão ou interrupção do contrato), pois a concessão do benefício não está condicionada à existência e/ou manutenção do vínculo de emprego.

Frisa-se, porém, que, para a concessão do benefício, deverá ficar constatado pela perícia médica que houve lesão com redução da capacidade laborativa do segurado para a atividade anteriormente desenvolvida.

Se constatada a possibilidade de reabilitação profissional ou se esta ocorrer durante o período de gozo do auxílio-doença, não há que se falar em auxílio-acidente, devendo o obreiro ser habilitado na nova função, permanecendo o contrato de trabalho inalterado.

8.4 Aposentadorias por Tempo de Contribuição, Idade e Especial

O benefício previdenciário aposentadoria é gênero do qual são espécies: aposentadoria por tempo de contribuição, idade e especial.

Neste item procurar-se-á conceituar as espécies enfatizando suas peculiaridades e seus reflexos no contrato de trabalho.

8.4.1 Aposentadoria por tempo de contribuição

A aposentadoria por tempo de contribuição encontra-se disciplinada nos artigos 52 a 56 da Lei n. 8.213/91, na Emenda Constitucional n. 20/98 e no artigo 201 da Constituição Federal/1988.

Nos termos da legislação de regência, subdivide-se em: aposentadoria por tempo de contribuição proporcional, sujeitando-se às regras de transição, nos termos previstos no artigo 9º da EC n. 20/98 e integral, consoante disciplinado no artigo 201 da CF/88.

Como garantia ao benefício da aposentadoria por tempo de contribuição proporcional, imprescindível o segurado implementar alguns requisitos legais, entre os quais: 30 (trinta) anos de contribuição, 53 (cinquenta e três) anos de idade e adicional de 40% (quarenta por cento), denominado pedágio, que consiste em um acréscimo de tempo de serviço calculado sobre o período de contribuição faltante até a data da publicação da EC n. 20, de 15 de dezembro de 1998, se do sexo masculino. Entretanto, tratando-se de segurado do sexo feminino, os requisitos são: 25 (vinte e cinco) anos de contribuição, idade mínima de 48 (quarenta e oito) anos e cumprimento do adicional do pedágio, nos termos já explicitados.

Implementados os requisitos legais para o benefício em espécie, o segurado terá direito a uma média salarial correspondente a 70% (setenta por cento) dos 80% (oitenta por cento) maiores salários dentro da base de cálculo (julho de 1994 até a data do requerimento do benefício) e direito a um acréscimo de 5% (cinco por cento) para cada grupo de 12 (doze) meses contribuídos que exceder ao limite de 30 (trinta) ou 25 (vinte e cinco) anos.

Em relação à aposentadoria por tempo de contribuição, na modalidade integral, ela independe do preenchimento dos requisitos acima apontados, bastando, tão somente, que o segurado complete 35 (trinta e cinco) anos, se do sexo masculino, ou 30 (trinta) anos de contribuição, se do sexo feminino, sem idade mínima. A média salarial, todavia, compreenderá a regra geral, tendo o segurado o direito de auferir 100% (cem por cento) da média, mediante aplicação do fator previdenciário, que consiste em uma média aritmética que leva em consideração a idade do segurado, sua expectativa e o tempo de contribuição na data do requerimento do benefício.

Importante enfatizar que antes da publicação da EC n. 20/98 falava-se apenas em "tempo de serviço", cuja nomenclatura alterou-se a partir de sua vigência, recebendo, nos dias atuais, o nome de "contribuição". Portanto, fala-se atualmente em aposentadoria por tempo de contribuição.

Ensina Ibrahim (2008, p. 539) que:

> A aposentadoria por tempo de serviço, existente em período anterior à EC n. 20, de 15/12/98, foi substituída pela atual aposentadoria por tempo de contribuição. O objetivo desta mudança foi adotar, de forma definitiva, o aspecto contributivo no regime previdenciário.
>
> Sempre foi comum em nossa previdência social a contagem de períodos de trabalho ou estudo como tempo de serviço, mesmo quando o segurado não efetuava qualquer contribuição para o sistema. Tais situações não são compatíveis com um regime previdenciário de natureza contributiva que busca o equilíbrio financeiro e atuarial (art. 201, *caput*, CRFB/88).

Significa dizer que a partir de dezembro de 1998 o sistema tornou-se verdadeiramente contributivo, como forma de atingir o fim social e buscar os equilíbrios financeiro e atuarial.

Destaca-se, ainda, como espécie de aposentadoria por tempo de contribuição, a conhecida "aposentadoria do professor" que encontra-se disciplinada no artigo 56 da Lei n. 8.213/91, cujos requisitos são: 30 (trinta) anos de contribuição, se homem, ou 25 (vinte e cinco) anos, se mulher em efetivo cargo de magistério, na educação infantil, no ensino fundamental e no ensino médio, sem aplicação de idade mínima e com direito a 100% (cem por cento) da média salarial.

Disciplina, ainda, o artigo 55 e seus incisos da Lei de Benefícios que será computado como tempo de serviço o período de prestação do serviço militar, períodos intercalados de gozo de benefício por incapacidade e trabalho, o trabalho em mandato eletivo e o tempo de serviço rural, anterior a 24 de julho de 1991, independentemente do recolhimento de contribuições previdenciárias.

Nota-se que, embora tenha sido alterada a nomenclatura "tempo de serviço" por "tempo de contribuição", a legislação de regência permite o cômputo do tempo de serviço anterior à sua publicação, desde que observado o período de carência exigido, nos termos do artigo 142 do referido diploma legal (Lei n. 8.213/91).

O benefício pode ser requerido a qualquer momento pelo segurado, desde que implementados os requisitos legais, resguardado o direito adquirido, devendo ser computado para efeito de pagamento, a partir do requerimento administrativo. O segurado desempregado que formalizar seu pedido perante o INSS até 90 (noventa) dias da rescisão contratual terá como termo inicial do benefício a data do desligamento da empresa.

8.4.2 Aposentadoria por idade

A aposentadoria por idade encontra-se fundamentada no § 7º do artigo 201 da Constituição Federal, e disciplinada nos artigos 48 a 51 da Lei 8.213/91.

Segundo lição de Ibrahim (2008, p. 532):

> A aposentadoria por idade é o benefício previdenciário mais conhecido – visa a garantir a manutenção do segurado e de sua família quando sua idade avançada não lhe permita continuar laborando.

Por assim ser, referido benefício é devido ao segurado que completar 65 (sessenta e cinco) anos de idade, se do sexo masculino, ou 60 (sessenta) anos, se do sexo feminino, mais o cumprimento da carência, nos termos previstos no artigo 142 da Lei n. 8.213/91. O limite explicitado é reduzido em 5 (cinco) anos, tratando-se de segurado trabalhador rural, a quem é facultado o requerimento do benefício a partir dos 60 (sessenta) anos, se homem e 55 (cinquenta e cinco) anos, se mulher, desde que comprovado o efetivo exercício da atividade rural, em números equivalentes à carência do benefício, ainda que de forma descontínua, nos termos dos artigos 142 e 143 da Lei de Benefícios.

Como regra geral, a carência é de 15 (quinze) anos, podendo ser mais benéfica nas hipóteses do artigo 142 da Lei n. 8.213/91.

A média salarial da aposentadoria por idade respeita a regra disciplinada para as aposentadorias, correspondente a 70% (setenta) por cento do período básico de cálculo, acrescido de 1% (um por cento) a cada grupo de 12 (doze) contribuições superiores à carência mínima, até o máximo de 30% (trinta por cento), totalizando 100% (cem por cento), mediante aplicação facultativa do fator previdenciário somente na hipótese de ser considerado mais benéfico ao segurado.

Da mesma forma que nas aposentadorias por tempo de contribuição, a aposentadoria por idade poderá ser requerida assim que implementados os requisitos legais, cujo termo inicial será a data do requerimento administrativo. Todavia, tratando-se de segurado desempregado, caso o benefício seja requerido em 90 (noventa) dias da rescisão contratual, o termo inicial será na data do desligamento do obreiro.

Atingindo o segurado/empregado na ativa seus 70 (setenta) anos, se homem, e 65 (sessenta e cinco), se mulher, aposentadoria poderá ser requerida pela própria empresa, sendo chamada "aposentadoria compulsória", que ensejará a rescisão do contrato no dia imediatamente posterior à concessão do benefício.

8.4.3 Aposentadoria especial

A aposentadoria especial encontra-se prevista nos artigos 57 e 58 da Lei n. 8.213/91 e "é devida ao segurado que tenha trabalhado durante 15, 20 ou 25 anos, conforme o caso, sujeito a condições especiais que prejudiquem a saúde ou integridade física" (IBRAHIM, 2008, p. 552).

Para ser assegurado o direito ao benefício, imprescindível que o segurado comprove a exposição aos agentes nocivos físicos, químicos ou biológicos, ou à associação de agentes, acima dos limites tolerância.

Historicamente, a aposentadoria especial teve sua origem na Lei Orgânica da Previdência Social – LOPS (Lei n. 3.087/60), que na ocasião exigia, além da exposição aos agentes nocivos, também a idade mínima de 55 (cinquenta e cinco) anos. Foi, contudo, a partir da publicação da Lei n. 5.440-A/68 que restou suprimido do requisito etário, porém garantido o direito à especialidade para determinadas categorias profissionais.

A Lei n. 8.213/91, por sua vez, não trouxe grandes mudanças. Entretanto, o grande marco foi a publicação da Lei n. 9.032/95, que estabeleceu critérios técnicos para avaliação do direito ao benefício.

Diante das novas alterações, restaram excluídas do fator de risco as atividades consideradas especiais por categoria profissional, tornando-se obrigatória a comprovação da exposição permanente ao agente nocivo.

A partir das inovações legislativas, preleciona Ibrahim (2008, p. 553):

> Assim, a concessão de aposentadoria especial dependerá de comprovação pelo segurado, perante o INSS, do tempo de trabalho permanente, não ocasional nem intermitente, exercido em condições especiais que prejudiquem a saúde ou a integridade física, durante o período mínimo de 15, 20 ou 25 anos, dependendo do agente nocivo.

Pode-se extrair, então, o entendimento de que a permanência não consiste na comprovação da exposição ao fator de risco durante toda a jornada de trabalho, mas que o agente nocivo está indissociável da produção do bem ou da prestação do serviço.

Sobre os agentes nocivos então definidos pelo INSS, destacam-se os apontamentos feitos por Ibrahim (2008, p. 555):

> São agentes nocivos na definição do INSS:
>
> Físicos: os ruídos, as vibrações, o calor, as pressões anormais, as radiações ionizantes, etc;
>
> Químicos: os manifestados por névoas, neblinas, poeiras, fumos, gases, vapores de substâncias nocivas presentes no ambiente de trabalho, absorvidas pela via respiratória, bem como aqueles que forem passíveis de absorção por meio de outras vias;
>
> Biológicos: os microorganismos como bactérias, fungos, parasitas, bacilos, vírus, etc.

Importante ressaltar que a comprovação da exposição aos fatores de riscos, após inúmeras alterações de nomenclaturas (SB-40; DSS 8030; DIRBEM 8030), hoje é feita por meio do Perfil Profissiográfico Previdenciário – PPP que constitui um histórico laboral do obreiro e deve ser emitido com base nas informações constantes no Laudo Técnico Pericial – LTCAT elaborado por médico ou engenheiro de segurança do trabalho, que se tornou obrigatório a partir da Lei n. 9.032/95, exceto para os agentes físicos ruído e calor, cuja exigência do LTCAT sempre foi obrigatória.

O PPP foi obrigatoriamente exigido a partir de janeiro de 2004 e deve ser fornecido pela empresa sempre que solicitado pelo empregado ou no ato da rescisão do contrato de trabalho, ainda que não existam fatores de risco no ambiente laboral.

Nesse sentido, esclarecedor mencionar que constatada pela empresa a inexistência de fatores de risco em seu ambiente de trabalho e havendo discordância por parte do obreiro/segurado, este poderá requerer uma nova avaliação, de modo particular, a ser feita por médico ou engenheiro de segurança do trabalho, objetivando travar uma discussão entre os pareceres técnicos. Embora haja precisão legal quanto à possibilidade do obreiro requerer a produção de um laudo técnico, hipótese em que a instrução normativa do INSS prevê a necessidade de autorização expressa do empregador para que outro médico ou engenheiro possa adentrar a empresa, a aceitação deste novo laudo ainda sofre resistência pelo INSS.

O PPP, ao ser emitido, além de informar os fatores de risco, também deve esclarecer se há ou não uso dos equipamentos de proteção individual e coletiva (EPI e EPC) pelo obreiro. Nesse aspecto, entende o INSS que o uso do EPI/EPC por si só neutraliza o agente nocivo do ambiente de trabalho, restando afastado o direito à percepção da aposentadoria especial, haja vista que seu uso tornou-se obrigatório a partir de 14 de dezembro 1998, com a Portaria MPS n. 5.404/99. Todavia, não tem sido esse o entendimento jurisprudencial majoritário, que se baseia no disposto na SUM n. 09 da Turma Nacional de Uniformização, firmando entendimento de que o uso do EPI por si só não elimina os fatores de riscos.

Para fins previdenciários, considera-se como tempo de trabalho todos os períodos em que haja exercício de atividade permanente com sujeição aos agentes nocivos que prejudiquem a saúde ou integridade física do trabalhador.

Nesse contexto, explica Ibrahim (2008, p. 558) que:

> (...) incluem-se também os períodos referentes a descanso determinados pela legislação trabalhista, inclusive férias, aos de afastamento decorrentes de gozo de benefício de auxílio-doença ou aposentadoria por invalidez acidentários, bem como aos de percepção de salário-maternidade, desde que, à data do afastamento, o segurado estivesse exercendo atividade considerada especial (art. 65, parágrafo único do RPS, com a redação dada pelo Decreto n. 4.882/03).

Importante lembrar que a aposentadoria especial consiste em uma renda mensal equivalente a 100% (cem por cento) da média salarial constitutiva do salário de benefício sem a incidência do fator previdenciário e que os fatores de risco previstos pelo ordenamento jurídico encontram-se disciplinados no Anexo IV do Decreto n. 3.048/99.

O LTCAT deve ser mantido atualizado pela empresa consoante normas técnicas e reguladoras editadas pelo Ministério do Trabalho e Emprego que constituem paradigmas para elaboração do documento.

Quando requerido o benefício na esfera previdenciária, serão exigidos os formulários competentes para comprovação da especialidade da atividade desenvolvida cuja avaliação ficará a cargo da perícia médica do INSS que, para fins de enquadramento, deverá observar as Normas Regulamentadoras n. 6 (equipamento de proteção individual), n. 7 (programa de controle médico de saúde ocupacional), n. 9 (programa de prevenção de riscos ambientais) e n. 15 (atividades e operações insalubre), todas aprovadas pela Portaria MTb n. 3.214/78.

Para fixação do termo inicial do benefício, seguem-se as regras gerais: a partir da data do requerimento do benefício ou, quando tratar-se de segurado desempregado, com requerimento em menos de 90 (noventa) dias da rescisão, a partir do desligamento do obreiro.

Muito se discute sobre o reflexo da aposentadoria especial no contrato de trabalho. Grande fundamento encontra-se no disposto no artigo 69, parágrafo único, do Decreto 3.048/99, que estabelece:

> Art. 69. Parágrafo único. Aplica-se o disposto no art. 48 ao segurado que retornar ao exercício da atividade ou operações que o sujeitem aos agentes nocivos constantes do Anexo IV, ou nele permanecer, na mesma ou em outra empresa, qualquer que seja a forma de prestação do serviço, ou categoria de segurado, a partir da data do retorno à atividade.

Enfatiza-se, na mesma linha de raciocínio, o disposto no artigo 48 do Decreto n. 3.048/99: "O aposentado por invalidez que retornar voluntariamente à atividade terá sua aposentadoria automaticamente cessada, a partir da data do retorno".

Compulsando os dispositivos citados, conclui-se que o segurado aposentado na modalidade especial, que permanecer desempenhando atividade considerada especial a qual deu origem à aposentadoria ou retornar ao exercício de atividade exposto à agente nocivo, terá seu benefício cancelado.

Para Ibrahim (2008, p. 559):

> Embora se fale em cancelamento, o mais correto é a suspensão, já que se o segurado afasta-se das atividades nocivas, o benefício deve voltar a ser pago, pois se trata de direito adquirido deste. Naturalmente, se retorna ao trabalho em atividade comum, isto é, sem a exposição permanente a agentes nocivos, não sofrerá qualquer sanção, sendo nesta hipótese o retorno perfeitamente adequado aos ditames da lei.

A interpretação da Autarquia previdenciária é no sentido de que, configurada a hipótese legal, o benefício deverá ser automaticamente cancelado sem observância ao direito adquirido, o que, em muitos casos, dá ensejo a enormes discussões judiciais.

Como interpretação mais benéfica ao segurado, deve-se considerar a do direito adquirido, motivo pelo qual a volta ou permanência do obreiro em atividade especial acarreta tão somente a suspensão do benefício que poderá ser automaticamente restabelecido se cessadas as hipóteses que ensejaram a suspensão.

Ainda em primazia ao direito adquirido, importante enfatizar que, para fins de enquadramento da atividade especial, adota-se o princípio do *tempus regi tactum,* o qual resguarda o direito à aposentadoria especial e/ou à conversão do tempo especial em comum, de acordo com a legislação vigente à época da prestação do serviço.

Encontra-se, ainda, previsto no ordenamento jurídico a possibilidade de conversão do tempo especial em comum mediante aplicação do índice multiplicador, nos termos da disposição contida no artigo 70 do Decreto n. 3.048/99, para fins de reconhecimento e concessão da aposentadoria por tempo de contribuição após preenchimento dos requisitos legais.

8.4.4 Reflexos na aposentadoria espontânea

Muito se discute sobre os reflexos do recebimento das aposentadorias no contrato de trabalho.

A aposentadoria por tempo de contribuição é um benefício que sofre inúmeras críticas de doutrinadores previdenciários. Uns defendem não se tratar de um benefício tipicamente de natureza previdenciária, pois não há risco social a ser protegido, haja vista que o tempo de contribuição não traz presunção de inatividade ou incapacidade laborativa.

Outros, entretanto, perfilham entendimento contrário, sustentando que, mesmo diante da ausência do risco social, o objetivo do benefício não é proteger o risco em si, mas garantir uma renovação mais rápida no mercado de trabalho diante das grandes crises de desemprego.

Todavia, não é esta a realidade social vista, pois muitos aposentados não abandonam o mercado de trabalho após a aposentadoria, haja vista que o valor do benefício nem sempre retrata a realidade econômica do obreiro que necessita permanecer no mercado do trabalho para complementar sua renda.

Nesse sentido, ensina Vianna (2010, p. 119):

> O objetivo real da aposentadoria é, sem dúvida alguma, propiciar descanso ao trabalhador idoso ou já cansado do exercício profissional, mas o irrisório valor dos benefícios assim não permitem, na prática, forçando os aposentados de todo o País a permanecerem na ativa ou na procura de nova colocação no mercado de trabalho. No entanto, as empresas preferem contratar pessoas mais jovens, por salários mais baixos, na tentativa de reduzir o alto custo da mão de obra, gerando grave problema social.

Embora no conceito de aposentadoria esteja implícita a ideia de inatividade, Mussi (2008, p. 135) defende que:

> Enquanto a aposentadoria por idade visa à proteção do risco social idade avançada, a aposentadoria por tempo de contribuição, aparentemente, não decorre de nenhum risco social protegido. Assim, o tempo de contribuição não é visto como evento danoso, nem situação de necessidade. No entanto, no ensinamento de Miguel Horvath Junior, existe um risco presumido, já que se entende que "após 35 anos de contribuição para os homens e 30 anos para as mulheres, o segurado esteja desgastado para continuar exercendo suas atividades".

Sobre o fato de ser o tempo de serviço considerado ou não uma contingência social, Pedro Vidal Neto (1.979 *apud* SILVA, 2009, p. 123) ensina que:

> A legitimidade da aposentadoria por tempo de serviço é fortemente contestada. Há uma corrente doutrinária, na qual se alinham especialistas de grande suposição, negando que o tempo de serviço seja risco ou contingência social e, portanto, que mereça proteção previdenciária. Não se trata de uma

contingência social porque não acarreta supressão ou diminuição do ganho normal. Os adeptos dessa corrente sublinham, outrossim, que a aposentadoria por tempo de serviço onera grave e indevidamente a Previdência Social, bem como o benefício propicia a aposentadoria precoce de pessoas que possuem plena capacidade de trabalho. A corrente oposta põe em relevo que possuem plena capacidade de trabalho. A corrente oposta põe em relevo que esse beneficio existe desde a Lei Eloy Chaves (1923), pioneira da nossa Previdência Social, e corresponde a uma esperança acalentada pela maior parte da população; por outro lado, procura mostrar que em nosso País o tempo médio de sobrevida é baixo e que as condições de vida são penosas, de modo que, decorridos vinte e cinco ou trinta anos de trabalho, o trabalhador já tem sua capacidade física e mental muito diminuída. Lembre-se, ainda, que após os quarenta anos de idade torna-se difícil encontrar novos empregos.

A doutrinadora Zélia Luiza Pierdoná (2004, *apud*, SILVA, 2009, p. 125) defende que:

> (...) no mesmo sentido de reduzir as desigualdades sociais, um dos objetivos da República Federativa do Brasil (art. 3º) e da Carta de Direitos Humanos (art. 1º), a exclusão da aposentadoria por tempo de serviço ou por tempo de contribuição seria um retrocesso, não somente por causa do desemprego, mas porque obrigaria o trabalhador da classe baixa e média-baixa, que costuma iniciar sua vida laboral muito cedo, a permanecer mais tempo trabalhando do que um trabalhador de classe média e alta que somente ingressa no mercado de trabalho após a conclusão de curso superior ou de sua pós-graduação, ou seja, depois de sua formação acadêmica.

Atinente à evolução histórica da aposentadoria no ordenamento jurídico, destaca-se, inicialmente, que sua origem se deu com a LOPS (Lei n. 3.807/60), que, em um primeiro momento, nada retratou sobre a necessidade de desligamento do obreiro para fins de concessão do benefício.

Esta realidade, todavia, alterou-se somente em 1966, a partir do Decreto-lei n. 66, que inseriu o § 7º ao artigo 32 da LOPS, estabelecendo que:

> Art. 32 – A aposentadoria por tempo de serviço será concedida ao segurado que completar 30 (trinta) e 35 (trinta e cinco) anos de serviço, respectivamente, com 80% (oitenta por cento) do salário de benefício no primeiro caso, e, integralmente,

no segundo. (...) § 7º - A aposentadoria por tempo de serviço será devida a contar da data do comprovado desligamento do emprego ou efetivo afastamento da atividade que só deverá ocorrer após a concessão do benefício.

A partir de então, inúmeras alterações foram ocorrendo sendo que, com a Lei n. 5.890/73, foram introduzidas mudanças que previam a necessidade da rescisão contratual para a concessão do benefício. Significa dizer que o ponto de partida para a concessão do benefício previdenciário era a data do desligamento do emprego.

Sobre as mudanças legislativas, em resumo, sintetiza Mussi (2008, p. 136) que:

> No ano de 1975, a Lei 6.204, de 29 de abril, modificou a redação do art. 453 do Decreto-lei n. 5.452/43, restando claro que a lei em comento pretendeu excluir o tempo em que o empregado trabalhou antes do recebimento da aposentadoria espontânea, ou seja, a aposentadoria dará início a uma nova contagem de tempo de serviço caso o empregado continuasse em atividade. Alguns anos depois, a Lei n. 6.887, de 10 de dezembro de 1980, deu nova redação ao art. 5º, § 3º da Lei n. 3.807, de 26 de agosto de 1960, possibilitando ao empregado aposentado por tempo de serviço ou idade, o retorno ao emprego ou a continuidade de sua atividade. Deixava de forma explícita esta lei, que não havia a necessidade de desligamento do emprego para o requerimento da aposentadoria. Esse quadro novamente revertido com a Lei n. 6.950, de 4 de novembro de 1981, que voltou a exigir o desligamento da empresa para o recebimento da aposentadoria: Art. 3º – A aposentadoria dos segurados empregados sujeitos ao regime da Consolidação das Leis do Trabalho será devida: A partir da data do comprovado desligamento do emprego, quando requerida antes dessa data, ou até 180 (cento e oitenta) dias após o desligamento; e a partir da data da entrada do requerimento, quando requerida após o prazo estipulado no item anterior. Após esse período, a legislação pareceu silenciar a respeito do assunto. Por isso, até 24 de julho de 1991, havia a obrigatoriedade do empregado se afastar da empresa para requerer aposentadoria por tempo de contribuição, por idade e especial. A Súmula n. 295 do TST, editada pela Resolução n. 05/1989, publicada no DJ de 14.4.1989, também remete ao entendimento de que a aposentadoria extingue o contrato de trabalho:

> SÚMULA N. 295 – Aposentadoria espontânea. Depósito do FGTS. Período anterior à opção. A cessação do contrato de trabalho em razão de aposentadoria espontânea do empregado

exclui o direito ao recebimento de indenização relativa ao período anterior à opção. A realização de depósito na conta do Fundo de Garantia do Tempo de Serviço, de que trata o § 3º do art. 14 da Lei n. 8.036, de 11.5.1990, é faculdade atribuída ao empregador.

Com o advento da Lei n. 8.213/91 essa exigência deixou de existir, com algumas restrições: em se tratando de aposentadoria especial, o empregado, embora possa continuar a trabalhar na mesma empresa, não pode mais exercer atividade classificada como especial, ou seja, sujeita a agentes químicos, físicos e biológicos ou associação de agentes prejudiciais à saúde ou à atividade física (art. 57, § 8º, Lei n. 8.213/91) e, no caso da aposentadoria por invalidez, não poderá mais ser realizada qualquer atividade por parte do segurado. O aposentado por invalidez que retornar voluntariamente à atividade, terá sua aposentadoria automaticamente cancelada, a partir da data do retorno (art. 46, Lei n. 8.213/91). Com relação às demais aposentadorias (por idade e por tempo de contribuição), não há impedimento à continuidade da atividade laboral.

Consoante lição de Mussi, pode-se observar que durante anos foram introduzidas alterações legislativas significativas a respeito do tema, tendo sido a partir da publicação da Lei de Benefícios (Lei n. 8.213/91) que se pacificou, em âmbito previdenciário, o entendimento de que a concessão de qualquer espécie de aposentadoria, exceto por invalidez e especial, não refletem sobre o contrato de trabalho, caso o obreiro esteja na atividade.

Todavia, o mesmo não ocorreu com a legislação trabalhista, pois ainda haviam muitas controvérsias que pairavam ante as interpretações literais, históricas e contextuais do texto legal.

O dispositivo de maior destaque foi o artigo 453, *caput*, da CLT, que assim dispunha:

> No tempo de serviço do empregado, quando readmitido, serão computados os períodos, ainda que não contínuos, em que tiver trabalhado anteriormente na empresa, salvo se houver sido despedido por falta grave, recebido indenização legal ou se aposentado espontaneamente.

Por sua vez, a Medida Provisória n. 1.523, de 11 de outubro de 1996, em seu artigo 148, estabelecia que: "o ato de concessão de beneficio de aposentadoria importa extinção do vínculo empregatício".

As alterações legislativas não se limitaram aos textos expostos, sendo que em 10 de dezembro de 1997, por meio da Lei n. 9.528, nova redação foi dada ao artigo 453 da CLT, mediante introdução dos §§1º e 2º, que assim dispunham:

> Art. 453. (...) §1º – Na aposentadoria espontânea de empregados das empresas públicas e sociedades de economia mista é permitida sua readmissão desde que atendidos aos requisitos constantes do art. 37, inciso XVI, da Constituição, e condicionada à prestação de concurso público. § 2º – O ato de concessão de benefício de aposentadoria a empregado que não tiver completado trinta e cinco anos de serviço, se homem, ou trinta, se mulher, importa em extinção do vínculo empregatício.

Observa-se que, com a nova redação do artigo 453 da CLT, a conclusão a que se chega é a de que a concessão da aposentadoria acarreta a extinção do contrato de trabalho, mesmo que haja convencimento entre os sujeitos da relação de emprego de continuidade laborativa, hipótese em que será imprescindível estabelecer uma divisão entre o período de trabalho antes e depois da aposentadoria.

Ao se avaliar a legislação vigente não se estabeleceu, de maneira pacífica, um consenso para saber se a aposentadoria colocava ou não fim ao contrato de trabalho.

Observa-se, contudo, que a verdadeira intenção do legislador celetista era de proteger o trabalhador contra dispensas arbitrárias cujo único intuito era de fraudar o direito à estabilidade definitiva, exceto quando configurada a justa causa.

Surgiram, assim, várias correntes doutrinárias. Aos adeptos da extinção do contrato, o fundamento estava no fato de que o artigo 33 da Lei n. 8.213/91 define que a aposentadoria substitui o salário. Portanto, havendo salário de benefício não há que se falar em salário oriundo do contrato de trabalho, que possui como característica marcante a contrapartida prestação de serviço x remuneração.

Para essa corrente, importante avaliar quais indenizações devidas ao obreiro nessa hipótese. O entendimento majoritário é de que não seria devida a indenização dos 40% (quarenta por cento) sobre o FGTS, pois esta somente deve ser paga quando o empregador deu causa à rescisão contratual, nem tampouco faria jus ao aviso-prévio, haja vista que o ato de requerer o benefício partiu do próprio empregado. No entanto, atinente às demais verbas rescisórias, todas restavam resguardadas como direito adquirido inerente ao contrato de trabalho por prazo indeterminado.

Algumas discussões surgiram no sentido de considerar se o contrato rompido pós-aposentadoria teria características do contrato por prazo determinado e se a concessão do benefício seria condição resolutiva. Pacificou, porém, em primazia ao princípio da continuidade laborativa, muito defendido pela legislação trabalhista, de que não seria espécie de contrato por prazo determinado, mas sim uma modalidade de contrato por prazo indeterminado especial, pois, sendo a aposentadoria mecanismo para substituir o salário, o obreiro aposentado não passaria à condição de desempregado de modo a ferir o princípio da continuidade laborativa, para adquirir o *status* de aposentado.

A segunda corrente, entretanto, a qual defende que a aposentadoria espontânea não coloca fim ao contrato de trabalho, traz como argumentos os dispositivos contidos na legislação previdenciária, sob o fundamento de que o Direito do Trabalho e o Direito Previdenciário são ramos do Direito, autônomos, devendo ser resguardada ao obreiro aposentado a continuidade laborativa ou, ainda, a rescisão contratual se assim optar, porém com a garantia do pagamento de todas as verbas rescisórias e indenizatória. Todavia, defendem a aplicabilidade do artigo 11 da Lei n. 8.212/91, que determina o desconto das contribuições previdenciárias, c/c com o artigo 18 § 2º, da Lei n. 8.213/91, que veda ao segurado aposentado o direito às prestações previdenciárias, exceto o salário-família e reabilitação profissional, quando comprovar sua condição de segurado obrigatório.

O Tribunal Superior do Trabalho – TST, por sua vez, por meio da Orientação Jurisprudencial n. 177 da Seção de Dissídios Individuais, sustentava que a concessão da aposentadoria colocava fim ao contrato de trabalho.

O Supremo Tribunal Federal – STF sensível às controvérsias doutrinárias e jurisprudenciais, se manifestou sobre o tema sendo taxativo no sentido de que a concessão da aposentadoria voluntária não extingue o contrato de trabalho, suspendendo, assim, a eficácia dos §§ 1º e 2º do artigo 453 da CLT, ante sua inconstitucionalidade, por defender que a extinção do contrato, decorrente da concessão de aposentadoria espontânea, pode levar a rescisões arbitrárias, bem como que o benefício previdenciário nenhuma ligação possui com o instituto do contrato de trabalho. No mesmo julgamento, da ADIn n. 1.721-3/DF, o Supremo garantiu o direito ao recebimento da multa de 40% (quarenta por cento) do FGTS, independentemente da condição de aposentado do obreiro e se houve ou não continuidade laborativa após a concessão do benefício, haja vista que referido valor deve corresponder à integralidade dos depósitos existentes. Em resumo, a posição do STF foi no sentido de retornar o posicionamento anterior de que a concessão de aposentadoria espontânea não extingue o contrato de trabalho nos termos da atual legislação previdenciária.

Ante a decisão do Supremo Tribunal Federal, foi cancelada a Orientação Jurisprudencial n. 177 do TST, que determinava a extinção do vínculo de emprego, bem com o não pagamento dos 40% (quarenta por cento) sobre o saldo do FGTS.

Sobre o tema, posicionou-se Ibrahim (2008, p. 538):

> A razão está com o STF. A relação previdenciária em nada atinge o vínculo laboral, sendo inadequada a interpretação dada pelo TST aos reflexos da aposentação sobre a relação de emprego, e por isso foi devidamente revogada a OJ respectiva. Como afirmou o Ministro Ilmar Galvão, a relação mantida pelo empregado com a instituição previdenciária não se confunde com a que o vincula ao empregador, razão pela qual o benefício previdenciário da aposentadoria, a princípio, não deve produzir efeito sobre o contrato de trabalho. Como de hábito, frequentemente confundem-se os preceitos previdenciários e trabalhistas do direito social, e este foi o caminho trilhado pelo TST. Não faz o menor sentido falar-se de impacto da aposentadoria sobre a relação laboral no atual contexto da legislação pátria. Embora muitos países, como por exemplo a Espanha, venham a impedir a continuidade do labor após a aposentação, tal condição, além de retratar a realidade social daquele País, tem regulamentação expressa, que não deixa dúvidas sobre os consectários da jubilação previdenciária.

Assim, torna-se notório que as disposições do artigo 453 da CLT não mais produzem reflexos sobre o contrato de trabalho, quando se fala em aposentadoria espontânea.

Todavia, importante enfatizar a hipótese de rescisão do contrato de trabalho com obreiro que faça jus à estabilidade, cuja consequência será a demissão sem justa causa, mediante pagamento de todas as garantias legais, independentemente de sua condição de aposentado.

Frisa-se, portanto, que, embora a aposentadoria espontânea não acarreta a extinção do contrato de trabalho, como já dito, a legislação vigente aponta como exceção a concessão da aposentadoria especial e a aposentadoria por idade compulsória.

Conforme ressaltado no item 8.4.3, a concessão da aposentadoria especial enseja o remanejamento do obreiro para outra função sem exposição aos fatores de riscos previstos no artigo 57 da Lei n. 8.213/91, ou àqueles que deram origem ao benefício previdenciário, haja vista que o objetivo do legislador, ao garantir a aposentadoria precoce, foi de dar proteção à vida e à integridade física do obreiro que labora em ambiente nocivo.

Todavia, a necessidade da rescisão contratual, em razão da aposentadoria e seus reflexos no contrato de trabalho, ainda não é tema pacificado na doutrina e jurisprudência, pois muitos divergem quanto à forma de dispensa, se em decorrência da aposentadoria ou sem justa causa, e a obrigatoriedade do pagamento do aviso-prévio e dos 40% (quarenta por cento) sobre o saldo do FGTS.

No tocante à aposentadoria especial, concedido o benefício, como regra, o obreiro não poderá mais atuar no desempenho da função anterior. Assim, caberá ao empregador remanejá-lo para outra atividade dentro da empresa ou, diante da impossibilidade, proceder à rescisão contratual.

Sendo fato que a proibição contida no ordenamento jurídico de permanência na mesma função surgiu após publicação da Lei n. 9.032/95 (28.4.1995), a interpretação que se deve fazer é então a mais benéfica: ao segurado/obreiro está resguardado o direito adquirido. Assim, somente será obrigatório o afastamento do obreiro que teve seu benefício deferido após 29.4.95.

Quanto às verbas rescisórias, os adeptos da modalidade de rescisão em decorrência da aposentadoria apontam pela desnecessidade de pagamento do aviso-prévio e dos 40% (quarenta por cento) sobre o saldo do FGTS. Nesse sentido, Dallegrave Neto (2002, *apud*, VIANNA, 2010, p. 129).

Para aqueles que defendem a rescisão imotivada, perfilhando deste entendimento Antônio Carlos de Oliveira (1997 *apud* VIANNA, 2010, p. 129), o empregador deve sofrer o ônus de ressarcir o obreiro com todas as garantias previstas na hipótese de dispensa sem justa causa.

Há outro tema não pacificado na doutrina e jurisprudência. Trata-se da espécie de aposentadoria compulsória, que, como dito alhures, deve ser requerida quando o obreiro, tendo implementado o requisito da carência, atingir a idade limite para fazer jus ao benefício – 70 (setenta) anos, se homem, e 65 (sessenta e cinco), se mulher.

Referido benefício pode ser requerido tanto pelo empregado quanto pelo empregador, sendo que se este último, embora não esteja obrigado ao requerimento, não o fizer em tempo hábil, operar-se-á a preclusão.

Sobre os consectários legais da rescisão em decorrência da aposentadoria compulsória, alguns doutrinadores como Gláucia Barreto, Marcelo Alexandrino e Vicente Paulo (2006 apud VIANNA, 2010, p. 130) defendem que devem ser aplicadas as regras da dispensa imotivada.

Já Vianna (2010, p. 130) não pactua deste entendimento, sustentando que:

> Permitimo-nos discordar de tal entendimento, não havendo razão para que a empresa requeira o benefício de seu empregado, de forma compulsória, se não houver incentivo financeiro na rescisão contratual operada, ou seja, se for para rescindir o contrato de trabalho sem justa causa, com pagamento de aviso-prévio e multa fundiária, qual a razão de providenciar a empresa a Aposentadoria Compulsória de seu trabalhador?

Portanto, observa-se que o tema ainda é divergente, havendo vários entendimentos a respeito, os quais podem ser considerados contraditórios.

Algo importante de se destacar, embora sem previsão no ordenamento jurídico, é a possibilidade da "estabilidade provisória" ou "estabilidade pré-aposentadoria", prevista por meio dos instrumentos normativos de categorias profissionais.

Referida estabilidade tem por objetivo proteger o trabalhador na iminência do período aquisitivo do direito previdenciário não podendo ser dispensado, salvo por motivo justificado.

Este tipo de estabilidade é vista como uma garantia de emprego e seu procedimento ou prazo de vigência devem estar previstos em convenções coletivas.

Nota-se, por todo o exposto, que a concessão das diversas espécies de aposentadorias, previstas no ordenamento jurídico, acarretam reflexos variados no contrato de trabalho, devendo a prática cotidiana interpretá-los conforme a lei vigente por ocasião dos fatos, objetivando, assim, alcançar a justiça social.

8.5 Salário-família

O benefício do salário-família foi criado pela Lei n. 4.266/63 e encontra-se disciplinado, atualmente, nos artigos 65 a 70 da Lei n. 8.213/91, sendo devido aos trabalhadores empregados que possuírem filho com idade inferior a 14 (quatorze) anos e forem considerados de "baixa renda", correspondente a uma quota definida em razão da remuneração do obreiro, independentemente do requisito carência e idade mínima.

Frisa-se que o requisito da "baixa renda" foi introduzido com a Emenda Constitucional n. 20/98, estando vigente as cotas abaixo apontadas:

> Art. 4º O valor da cota do salário-família por filho ou equiparado de qualquer condição, até 14 (quatorze) anos de idade, ou inválido de qualquer idade, a partir de 1º de janeiro de 2016, é de:
>
> I - R$ 41,37 (quarenta e um reais e trinta e sete centavos) para o segurado com remuneração mensal não superior a R$ 806,80 (oitocentos e seis reais e oitenta centavos);
>
> II - R$ 29,16 (vinte e nove reais e dezesseis centavos) para o segurado com remuneração mensal superior a R$ 806,80 (oitocentos e seis reais e oitenta centavos) e igual ou inferior a R$ 1.212,64 (um mil duzentos e doze reais e sessenta e quatro centavos). (Disponível em: <http: www.normaslegais.com.br/legislacao/Portaria-interm-mtps-mf-1-2016.htm. Acesso em: 20 out.2016).

Destaca-se que o direito ao salário-família dos trabalhadores rurais somente restou garantido após a vigência da Lei n. 8.213/91.

O salário-família, assim como os demais benefícios previdenciários, teve uma evolução histórica no ordenamento jurídico, sendo resguardado como direito a partir da edição do Decreto-lei n. 3.200, de 19 de abril de 1941, como abono às famílias mais populosas, subentendidas aquelas que possuíssem 8 (oito) ou mais filhos.

Constitucionalmente, o marco inaugural do benefício foi a Constituição Federal de 1946, que em diversos dispositivos legais, tratava do tema (BALERA, 2007, p. 86):

> Art. 157. A legislação trabalho e Previdência Social obedecerão aos seguintes preceitos, além de outros que visem à melhoria da condição dos trabalhadores: salário mínimo capaz de satisfazer, conforme as condições de cada região, às necessidades normais do trabalhador e de sua família;
>
> Art. 163. A família é constituída pelo casamento de vínculo indissociável e traz direito à proteção especial do Estado. Art. 164. É obrigatório em todo o território nacional a assistência à maternidade, à infância e à adolescência. A ele instituirá o amparo das famílias de prole numerosa.

Em evolução legislativa, a Lei n. 4.242, de 1963, reduziu o direito ao benefício para famílias que contavam com até 6 (seis) filhos e, por fim, a Lei n. 4.266/63 instituiu a prestação do salário-família que foi regulamentada pelo Decreto n. 53.153/63.

Já, constitucionalmente, a Carta Magna de 1967 deu ao benefício *status* constitucional dispondo que:

> Art. 158. A Constituição assegura aos trabalhadores os seguintes direitos, além de outros que, nos termos da lei, visem à melhoria, de sua condição social:
>
> (...)
>
> II – Salário-família aos dependentes do trabalhador;

Atualmente, o salário-família está disciplinado nos artigos 7º, inciso XII, e artigo 201, inciso IV, da Constituição Federal de 1.988, *in verbis*:

> Art. 7º. São direitos dos trabalhadores urbanos e rurais, além de outros que visem à melhoria de sua condição social:
>
> (...)
>
> XII – salário-família pago em razão do dependente do trabalhador de baixa renda nos termos da lei.
>
> Art. 201. A previdência social será organizada sob a forma de regime geral, de caráter contributivo e de filiação obrigatória, observados os critérios que preservem o equilíbrio financeiro e atuarial, nos termos da lei, a:
>
> (...)
>
> IV – salário-família e auxílio-reclusão para os dependentes dos segurados de baixa renda.

Consoante já salientado, o benefício do salário-família encontra-se previsto no artigo 65 da Lei n. 8.213/91, assim redigido:

> Art. 65. O salário-família será devido, mensalmente, ao segurado empregado, exceto ao doméstico, e ao segurado trabalhador avulso, na proporção do respectivo número de filhos ou equiparados nos termos do § 2º do art. 16 desta lei, observado o disposto no art. 66. Parágrafo único. O aposentado por invalidez ou por idade e os demais aposentados com 65 (sessenta e cinco) anos ou mais de idade, se do sexo masculino, ou 60 (sessenta) anos ou mais, se do feminino, terão direito ao salário-família, pago juntamente com a aposentadoria.

Também o Decreto n. 3.048/99 disciplina o benefício do salário-família em artigos específicos:

> Art. 25. O Regime Geral de Previdência Social compreende as seguintes prestações, expressas em benefícios e serviços:

Quanto ao segurado:

f) salário-família;

Art. 81. O salário-família será devido, mensalmente, ao segurado empregado, exceto o doméstico, e ao trabalhador avulso que tenham salário de contribuição inferior ou igual a R$ 360,00 (trezentos e sessenta reais) na proporção do respectivo número de filhos ou equiparados, nos termos do art. 16, observado o disposto no art. 83.

O obreiro, para fazer jus ao salário-família, deverá comprovar perante o empregador que possui filhos menores de 14 (quatorze) anos ou inválidos, devendo ser requerida, no ato da contratação, a certidão de nascimento do filho, dos filhos entre 7 (sete) a 14 (quatorze) anos e a carteira de vacinação dos filhos menores de 7 (sete) anos ou, ainda, tratando-se de filho inválido, o atestado médico para comprovação da invalidez, não existindo para este limite de quota.

Embora o salário-família seja um benefício tipicamente previdenciário, ele é pago pelo empregador junto com a remuneração mensal do empregado, cujos valores de cada quota-parte deve obedecer àquelas previstas na tabela divulgada pela Previdência Social.

Trata-se de benefício que independe da quantidade de dias trabalhados pelo obreiro e a quota pode ser inferior ao salário mínimo, sem afronta constitucional.

Como dito, trata-se de benefício previdenciário, com ônus para pagamento ao empregador que terá direito de reembolso quando do recolhimento das contribuições previdenciárias, sob pena de crime de apropriação indébita.

Referida prestação previdenciária somente cessará quando o filho completar idade superior à prevista no ordenamento jurídico, cessar a invalidez, por ocasião do seu falecimento ou, ainda, quando ocorrer a cessação do vínculo empregatício.

Consoante preceitua a Lei n. 4.266/63, o direito ao salário-família constitui direito do trabalhador empregado, mediante preenchimento dos requisitos legais, independentemente dos serviços prestados ao empregador.

Por assim ser, o recebimento do benefício gera reflexos no contrato de trabalho, consiste no pagamento da quota pelo empregador, portanto, ônus ao empregador, com a possibilidade de abatimento do valor quando do recolhimento das contribuições previdenciárias patronais ou mediante pedido de reembolso, que poderá ser feito diretamente em qualquer agência da previdência social.

Caso o obreiro faça jus ao benefício, porém não apresente a documentação necessária para comprovação das exigências legais, deverá o pagamento ser suspenso, podendo ser reativado após apresentação dos documentos.

Imprescindível, também, que o empregador, no ato da contratação, verificando que o obreiro preenche os requisitos legais ao benefício em espécie, determine que o empregado assine um termo de responsabilidade no qual se compromete a comunicar qualquer condição extintiva do direito ao benefício, sob pena de sujeitar-se às sanções legais cabíveis, inclusive à rescisão por justa causa, nos termos do art. 482, *a*, da CLT.

Outra situação importante de se ressaltar refere-se ao direito ao benefício quando o obreiro já se encontra aposentado, devendo ser observado o disposto no artigo 18, § 2º, da Lei 8.213/91.

O recebimento do salário-maternidade, pela obreira grávida, não retira desta o direito de percepção também do salário-família, pago pelo empregador.

Todavia, estando o empregado em gozo do auxílio-doença, a responsabilidade pelo pagamento da quota do salário-família é transferida ao INSS, devendo o empregador, quando do preenchimento do requerimento do benefício, fazer menção ao direito, bem como instruir o pedido com a documentação exigida.

Enfatiza-se, quanto ao valor da quota do benefício, para se evitar fracionamento, que sejam observadas as disposições contidas nos artigos 86 e 87 do Decreto n. 3.048/99, que determinam a obrigatoriedade do pagamento integral do benefício pela empresa antes de o obreiro ser encaminhado ao INSS, cabendo a este a integralidade do pagamento das quotas quando da alta do benefício previdenciário – auxílio-doença, bem como no caso de divórcio, separação judicial ou de fato e abandono legalmente comprovado que determine a perda do poder familiar, que o salário-família deva ser pago diretamente àquele a que tenha ficado o encargo de cuidar do menor ou à outra pessoa, todavia mediante ordem judicial.

8.6 Salário-maternidade

Neste item, procurar-se-á tratar sobre o fenômeno da "maternidade", sua evolução histórica até adquirir *status* constitucional e servir como mecanismo de proteção social.

Conceituando "maternidade natural", Ana Cláudia Pompeu Torezan Andreucci (2005, p. 24) ensina que:

> A maternidade natural ou biológica é aquela que se dá em razão de um atributo peculiar e inerente à própria natureza da mulher, apta, em geral para a reprodução. Acreditamos que, de todos os fenômenos da natureza, a reprodução é o que mais fascina. De maneira simples e mágica, duas células unem-se e, a partir do seu desenvolvimento biológico, desencadeia-se todo o processo divino da criação. Após o transcurso de um período em torno de 38 a 42 semanas, em uma gestação normal entre os seres humanos, um embrião que se manteve agasalhado no ventre materno desponta como um novo ser neste mundo.

Não se pode perder de vista que a maternidade engloba não apenas a maternidade natural, mas também a adotiva e genética/artificial, não fazendo o legislador constituinte distinção, já que o objetivo maior é de garantir proteção à mulher e à gestação.

Nessa linha de raciocínio, como mecanismo protetivo, importante destacar a lição de Andreucci (2005, p. 30/31):

> O contato, nos primeiros anos de vida, é de suma importância para o desenvolvimento do novo ser que adentra o mundo. Os momentos de contato propiciam o desenvolvimento da fala, da personalidade, o convívio em sociedade, o desenvolvimento dos gostos, das preferências, molda o comportamento e, principalmente, proporciona noções sobre o que se pode ou não fazer. A mãe, na maioria das vezes encarregada desse papel, deve contribuir para a formação de seus filhos, impondo limites e também estimulando a formação do caráter. Ao lado de todas essas atribuições, o mais importante são as demonstrações de afeto, de amor e carinho, ingredientes indispensáveis para o desempenho e a formação da criança, bem como para o fortalecimento do vínculo mãe e filho. Resta claro, portanto, que para a boa sincronia entre o bebe e sua nova família há uma gama de elementos imprescindíveis, sendo o primordial deles o contato com a mãe.

Feitas as considerações sobre o valor da maternidade, importante enfatizar a origem histórica do benefício e seus reflexos no contrato de trabalho.

Inúmeras foram as legislações de regência que dispuseram sobre o salário-maternidade, podendo-se destacar a Convenção n. 3 de

1919; o Decreto n. 21.417-A de 1932; a Constituição Federal de 1934 (art. 121, §1º, h), de 1937 (art. 137, inciso I), de 1946 (art. 157, X), de 1967 (art. 158, XI); Emenda Constitucional de 1969 (art. 165, XI), a CLT de 1943, em seu artigo 392; a Lei n. 6.137/74, que incluiu o artigo 22, inciso I, na LOPS, trazendo o salário-maternidade como prestação previdenciária e, por fim, a Constituição Federal de 1988, em seus artigos 7º, inciso XVIII, e 201, inciso II.

Destaca-se que foi a partir da Constituição Federal de 1988 que restou garantido o direito ao salário-maternidade de 120 (cento e vinte) dias, sem prejuízo do emprego e do salário e a proteção à maternidade.

Pela legislação ordinária, o salário-maternidade vem disciplinado nos artigos 71 a 73 da Lei n. 8.213/91.

Sobre os requisitos e as características do benefício, Vianna (2010, p. 145) explica que:

> O salário-maternidade, benefício previdenciário previsto nos arts. 71 a 73 da Lei n. 8.213/91, possui duração de cento e vinte dias, sendo devido mesmo nas hipóteses de natimorto ou de falecimento da criança após o parto. Em se tratando de aborto espontâneo, o benefício terá duração de apenas duas semanas, devendo o fato ser comprovado por documentação médica. Não é exigido o cumprimento da carência.

Portanto, o benefício compreenderá o período entre 28 (vinte e oito) dias antes do parto até ou a partir do nascimento ou adoção até o limite de 120 (cento e vinte) dias.

No salário-maternidade, o risco social a ser protegido é o de amparo à gestação (nascimento do filho), adoção ou guarda judicial e tem natureza previdenciária e não trabalhista, muito embora tenha grande repercussão no vínculo laboral.

Destaca-se, portanto, que o salário-maternidade é ônus da previdência social embora seja pago pelo empregador, a quem competirá fazer a dedução dos valores pagos na contribuição previdenciária patronal ou pedir o reembolso perante qualquer agência da previdência social.

O valor do benefício corresponderá ao equivalente à última remuneração da obreira, exceto quando houver variações salariais, hipótese em que o valor do benefício corresponderá a uma média aritmética dos últimos 6 (seis) meses, sem observância ao teto máximo da previdência social.

Vale lembrar que, mesmo em gozo do salário-maternidade, são devidas as contribuições previdenciárias, cujo encargo do desconto caberá ao empregador, o qual deverá repassá-la aos cofres públicos, sob pena de crime de apropriação indébita.

Como dito alhures, o salário-maternidade somente é devido quando a gestante atinge a 36ª (trigésima sexta) semana de gestão, ou seja, 28 (vinte e oito) dias antes do parto ou a partir dele. Caso tenha complicações na gestação, estas não serão consideradas hipótese de antecipação do benefício, mas sim doença, passível de proteção previdenciária, desde que cumprido o requisito da carência. Assim, receberá o INSS o pedido de auxílio-doença após decorridos os 15 (quinze) primeiros dias do afastamento que constitui responsabilidade do empregador.

Caso o benefício do auxílio-doença se estenda até o nascimento da criança, portanto até a data do parto, aquele deverá ser suspenso para concessão do salário-maternidade. Após o gozo deste, caso persistam as causas impeditivas do retorno ao trabalho deverá ser reaberto o benefício do auxílio-doença.

Ainda são duvidosas as teses no sentido de que se o recebimento do salário-maternidade acarreta suspensão ou interrupção do contrato de trabalho.

Consoante entendimento majoritário, pelo fato de subsistir a obrigação do empregador em efetivar o pagamento dos salários, descontar as contribuições previdenciárias, efetuar o depósito do FGTS e 13º (décimo-terceiro) salário, trata-se de hipótese de interrupção contratual o período de gozo do salário-maternidade.

A respeito da permanência das contribuições previdenciárias e dos depósitos do FGTS, leciona Vianna (2010, p. 148/149) que o Decreto 99.684/90 (Regulamento do FGTS) c/c a interpretação do disposto no artigo 253 da Instrução Normativa INSS 20/2007, embora determinem a continuidade dos depósitos fundiários durante do período de gozo do salário-maternidade, e a Lei n. 8.036/90, que trata do fundo de garantia, juntamente com a Constituição Federal de 1988, não dispõem sobre a obrigatoriedade, razão pela que é forçoso concluir, no entendimento da doutrinadora, que o Decreto n. 99.684/90 extrapolou seu limite regulamentar sendo as disposições nele contidas nulas de pleno direito.

Não resta, ainda, prejudicado o direito ao benefício do salário--maternidade se ocorrido o evento "parto" durante o período de gozo de férias. Nesse caso, a obreira deverá comunicar o fato ao empregador, que suspenderá de imediato o cumprimento das férias para aquisição do direito ao salário-maternidade, o qual voltará a ser cumprido somente depois de esgotado o período de estabilidade, compreendido entre a confirmação da gravidez até 5 (cinco) meses após o parto.

Atinente ao direito à estabilidade, importante mencionar que se encontra previsto no artigo 10, II, b, do Ato das Disposições Constitucionais Transitórias e compreende a data da confirmação da gravidez até 5 (cinco) meses após o parto, ressalvada a hipótese de dispensa da obreira por justa causa.

Tendo em vista que o salário-maternidade tem por objetivo a proteção à maternidade, a expressão "confirmação da gravidez" prevista no ADCT pode ser interpretada como "concepção". Portanto, desde a concepção até 5 (cinco) meses após o parto está resguardado o direito à estabilidade.

Muito se discute na doutrina e jurisprudência se para gozar do direito à estabilidade é imprescindível a comunicação da gravidez ao empregador. Decisões majoritárias, entretanto, sustentam que apenas o estado gravídico confirmado dá à obreira garantia do emprego.

Na hipótese de dispensa sem justa causa da empregada em gozo de estabilidade, a consequência será seu reingresso à função ou a indenização na forma da legislação trabalhista, estando subentendido que houve renúncia à estabilidade.

Evidenciado o caso de aborto não espontâneo até o 6º (sexto) mês de gestação, haja vista que, a partir de então, ocorrido o fato danoso, a legislação entende que o benefício deve ser pago na sua integralidade, ou seja, durante 120 (cento e vinte) dias a contar do aborto, a empregada fará jus ao salário-maternidade por período equivalente a duas semanas, nos termos dos artigos 395 da CLT e 93, § 5º, do Decreto n. 3.048/99. Ressalta-se que, embora a CLT trate o período como sendo "repouso remunerado", o entendimento majoritário é de que a licença de duas semanas deve ser tratada como período em gozo do salário-maternidade.

Havendo recebimento do salário-maternidade, seja por 120 (cento e vinte) dias, seja 2 (duas) semanas, fica resguardado o direito à estabilidade, uma vez que o objetivo desta é propiciar à mãe momentos importantes na formação do filho, e a si mesma, como oportunidade de se recuperar do parto e das transformações que acarreta no corpo da mulher.

Importante lembrar que a Lei n. 10.421/2002 resguardou o direito ao salário-maternidade também às mães adotivas e às guardiãs, como meio de proteção à maternidade, entretanto silenciou sobre o direito à estabilidade.

Porém, procedendo-se a uma interpretação ampliativa do texto constitucional em primazia ao princípio da norma mais benéfica, pode-se concluir que tanto a mãe adotiva quanto aquela que adquire do direito por meio de guarda judicial gozam de estabilidade no emprego em período não inferior aos 5 (cinco) meses contados da adoção ou da guarda judicial.

Não é possível deixar de destacar, ainda, sobre o tema, o teor do disposto no artigo 396 da CLT que garante à obreira o direito de amamentação durante a jornada de trabalho, assim dispondo:

> Art. 396. Para amamentar o próprio filho, até que este complete 6 (seis) meses de idade, a mulher terá direito, durante a jornada de trabalho, a 2 (dois) descansos especiais, de meia hora cada um. Parágrafo único. Quando o exigir a saúde do filho, o período de 6 (seis) meses poderá ser dilatado, a critério da autoridade competente.

Observa-se, por todo o exposto, que tanto o legislador constituinte quanto o ordinário, ao protegerem a maternidade por meio da prestação previdenciária, pretendem garantir os objetivos sociais, quais sejam da justiça e o bem-estar social.

8.7 Pensão por Morte

O benefício da pensão por morte encontra-se disciplinado nos artigos 74 a 79 da Lei n. 8.213/91, bem como no artigo 201, V, da Constituição Federal, sendo devido ao conjunto dos dependentes do segurado que vier a falecer estando ou não aposentado.

Destaca-se que referido benefício tem como requisito a qualidade de segurado, sem carência mínima, sendo devido a partir do óbito, se requerido em prazo inferior a 30 (trinta) dias do evento; a partir do requerimento administrativo, se solicitado após o prazo de 30 (trinta) dias; ou a partir da decisão judicial que decretar a morte presumida.

Vale ressaltar que, atinente aos menores e incapazes, não corre prazo prescricional e decadencial restando preservados seus direitos desde a data do óbito.

O valor do salário de benefício corresponde a 100% (cem por cento) do valor da aposentadoria, caso o segurado estivesse aposentado, ou da média salarial apurada no período de julho de 1994 até o evento morte.

Ressalta-se que, embora a pensão por morte não exija uma carência mínima, não será devida ao conjunto de dependentes do falecido que não mais ostente qualidade de segurado na data do óbito. Ou seja, para que os dependentes tenham direito ao benefício, imprescindível que o falecido não tenha perdido qualidade de segurado. Somente ficará resguardado aos dependentes do direito em espécie caso o segurado tenha implementado todos os requisitos legais garantidores do direito de concessão a qualquer espécie de aposentadoria, em primazia do direito adquirido.

Nesse sentido, Castro (2014, p. 808) enfatiza o disposto na Súmula n. 416 do STJ: "É devida a pensão por morte aos dependentes do segurado que, apesar de ter perdido essa qualidade, preencheu os requisitos legais para a obtenção de aposentadoria até a data do seu óbito".

Frisa-se, por conseguinte, que também será resguardado o direito ao benefício aos dependentes do segurado que tenha sua condição de beneficiário do INSS reconhecida por meio de decisão judicial proferida em data posterior ao óbito.

O limbo jurídico refere-se à possibilidade de reconhecimento do direito ao pagamento de contribuições em atraso, pós óbito, pelos dependentes do segurado falecido, mediante comprovação do exercício de atividade remunerada.

Nesse diapasão, defende Castro (2014, p. 808):

> Frequentemente nos deparamos com o seguinte questionamento: os dependentes podem, para fins de recebimento da pensão por morte, efetuar a regularização das contribuições em mora do segurado contribuinte individual, desde que demonstrado o exercício de atividade laboral no período anterior ao óbito? Comungamos do entendimento adotado pelo TRF 4ª Região, no sentido de que havendo trabalho remunerado e não havendo recolhimento das contribuições, o que há é mora tributária, permanecendo o indivíduo com a qualidade de segurado. Ou seja, os dependentes do segurado podem, para fins de recebimento da pensão, efetuar a regularização de contribuições em mora do segurado contribuinte individual, desde que demonstrado o exercício de atividade laboral no período anterior ao óbito. Neste sentido: TRF da 4ª Região. Ac. N. 2003.70.09.015399-9. *DE* 13.11.2007; (AC 5000354-43.2010.404.7209. 5ª Turma. Rel. Des. Federal Rogério Favreto. *DE* 9.8.2012). Registramos, no entanto, a edição da

> Súmula pela TNU em sentido contrário ao que defendemos: "52 – Para fins de concessão de pensão por morte, é incabível a regularização do recolhimento de contribuições de segurado contribuinte individual posteriormente ao óbito, exceto quando as contribuições devam ser arrecadadas por empresa tomadora de serviços". Na via administrativa, houve períodos em que a regularização dos débitos foi permitida pelo INSS para a concessão da pensão por morte. No entanto, a Instrução Normativa INSS n. 20/2007 fixou nova orientação, repetida na IN 45/2010 (...).

Como dito alhures, o benefício da pensão por morte é devido ao conjunto de dependentes do segurado falecido, que, segundo disposição contida na legislação previdenciária, deve obedecer a uma ordem de preferência.

Para tanto, esclarecedor o artigo 16 da Lei 8.213/91:

> Art. 16. São beneficiários do Regime Geral de Previdência Social, na condição de dependentes do segurado: I – o cônjuge, a companheira, o companheiro e o filho não emancipado, de qualquer condição, menor de 21 (vinte e um) anos ou inválido ou que tenha deficiência intelectual ou mental ou deficiência grave; II – os pais; III – o irmão não emancipado, de qualquer condição, menor de 21 (vinte e um) anos ou inválido ou que tenha deficiência intelectual ou mental ou deficiência grave (redação dada pela lei 13.146 de 2015); IV – (revogado pela Lei n. 9.032/95);

Cumpre ressaltar, porém, que a existência de dependente de qualquer classe exclui o direito ao benefício das classes seguintes, sendo que, com relação às pessoas indicadas no inciso I, a dependência é presumida e, com relação aos demais, deve ser comprovada.

No caso de benefício a ser deferido aos pais, exige a legislação previdenciária que a condição de dependente seja comprovada, entretanto não é necessário que seja exclusiva, nos termos da Súmula n. 229 do ex-Tribunal Federal de Recursos.

Quanto à união estável, embora parte da doutrina defenda que a dependência econômica seja presumida, outros defendem que tal presunção pode ser afastada pelo INSS. Objetivando servir de parâmetro para a controvérsia, foi editada a Súmula 63 da TNU, que assim dispôs: "A comprovação de união estável para efeito de concessão de pensão por morte prescinde de início de prova material".

Na hipótese de separação judicial, com fixação de pensão alimentícia, fica prorrogada a dependência econômica, motivo pelo qual ao ex-cônjuge fica assegurado o direito ao benefício da pensão por morte.

No caso de concubinato, restando comprovado por meio de prova documental a relação duradoura mantida com o(a) falecido(a), também é de se assegurar o direito à pensão por morte.

Atualmente, a legislação previdenciária garante o direito ao benefício a todos os dependentes em condições de igualdade.

O evento morte, porém, reflete na relação de emprego quando tratar-se falecido empregado.

Assim, tem-se por extinto o contrato de trabalho mediante ocorrência do óbito do empregado ante a natureza personalíssima da relação de emprego e a impossibilidade de transferência das obrigações principais e acessórias do contrato de trabalho.

Significa dizer que, uma vez rescindido o contrato de trabalho por morte do obreiro, situação muitas vezes atípica, as verbas rescisórias caberão aos dependentes habilitados ao benefício da pensão por morte, nos termos da legislação previdenciária, ou, então, se obedecerá as regras do Direito Civil, sendo imprescindível a habilitação dos herdeiros cujos valores serão levantados por meio de alvará judicial.

Nessa hipótese, serão devidas pelo empregador as seguintes verbas rescisórias: saldo de salário; 13º salário proporcional; férias vencidas, acrescidas de 1/3, se houver; férias proporcionais, acrescidas de 1/3; liberação do FGTS e do Fundo de Participação PIS/PASEP, não recebido em vida pelo obreiro, que serão rateados em quotas iguais.

No caso de dependente menor de 18 (dezoito) anos, os valores referentes à sua quota-parte ficarão depositados em uma conta poupança, que somente serão liberados após o menor completar a maioridade, ou por meio de ordem judicial se para aquisição de imóvel em seu favor e, ainda, desde que comprovada sua destinação para moradia.

Quanto à indenização de 40% dos depósitos do FGTS, há grande divergência doutrinária e jurisprudencial a respeito de ser devida ou não.

Para tanto, explica Romar (2013, p. 476/477) que:

> Mauricio Godinho Delgado entende que "sendo a dissolução contratual do interesse do obreiro, ela far-se-á sem os ônus do pedido de demissão, embora também sem as vantagens rescisórias da dispensa injusta ou rescisão indireta. Ou seja,

o trabalhador saca o FGTS, mas sem os 40% (...)". Arnaldo Sussekind, porém, adota entendimento em sentido contrário e, analisando a previsão do art. 486, § 2º, da CLT, afirma: "em caso de morte do empregador constituído em uma firma individual, o § 2º do mesmo artigo faculta ao empregado a resilição do contrato de trabalho. Nessas hipóteses, como reza o *caput* do artigo, o empregado terá direito à indenização compensatória que se soma aos depósitos do FGTS – indenização a que não tem direito, em regra, o trabalhador que resolve despedir-se". A análise do dispositivo legal aplicável à hipótese nos leva a aceitar como correto este segundo posicionamento, pois a previsão que dá ao empregador a faculdade de rescindir o contrato de trabalho em caso de morte do empregador constituído em empresa individual está contida no § 2º do art. 483 da CLT, artigo este que trata das hipóteses em que se reconhece o direito do empregado de promover a rescisão indireta do contrato de trabalho, com o recebimento de todas as verbas rescisórias a que teria direito caso fosse dispensado sem justa causa pelo empregador, inclusive a indenização de 40% dos depósitos do FGTS. Assim se o legislador colocou esta previsão em um dos parágrafos desse artigo, certamente teve a intenção de dar à hipótese o mesmo tratamento da rescisão indireta calcada em justa causa do empregador.

Observa-se, pelo trecho acima explicitado, que a matéria ainda não se encontra pacificada, com dito. Todavia, importante ressaltar que a jurisprudência vem reconhecendo, com base no disposto no artigo 483 § 2º da CLT, que a morte do empregado pode ser considerada modalidade de rescisão indireta, sendo obrigatório o depósito de 40% sobre o saldo do FGTS.

8.8 Auxílio-reclusão

O auxílio-reclusão é um benefício devido nas mesmas condições da pensão por morte e destina-se ao conjunto de dependentes do segurado recluso, que, na data da prisão, comprovar que matinha qualidade de segurado ao RGPS.

Por nele incidirem as mesmas regras da pensão por morte, a concessão do benefício dispensa o cumprimento da carência. Está implícito na natureza jurídica do benefício do auxílio-reclusão o princípio da solidariedade, capaz de assegurar aos dependentes do recluso o direito de sobreviverem às expensas do seguro social ante a sua impossibilidade de manutenção.

Atualmente, encontra-se, disciplinado nos artigos 80 da Lei n. 8.213/91 e 201 IV, da Constituição de 1988, com nova redação dada pela EC n. 20/98, que limitou a concessão do benefício aos dependentes dos segurados de baixa renda. Entretanto, para a definição de "baixa renda", deve-se considerar os parâmetros da Portaria Interministerial MPS/MF n. 02 – art. 5º. Portanto, até a publicação da referida Emenda Constitucional (16.12.98) não se falava em segurado de baixa renda, ante a garantia ao princípio do direito adquirido.

Muito se discutiu se para conceituar segurado de baixa renda era necessário levar em consideração os rendimentos do segurado recluso ou de seus dependentes ante a destinação do benefício.

A jurisprudência muito divergiu a respeito do tema até que o STF, por meio dos RE 587.365 e 486.413, julgados em 25.3.2009, pacificou entendimento de que "baixa renda" deve ser a condição do segurado recluso na data da prisão vinculando sua renda ao recebimento do benefício.

Outro ponto de grande discussão diz respeito a qual remuneração do segurado recluso deve ser utilizada para aferição do direito ao benefício.

Segundo entendimento do INSS, previsto em suas Instruções Normativas, como "remuneração" deve ser entendido o último salário de contribuição na data da prisão.

Nesse diapasão, ousa Castro (2014, p. 825) discordar, sustentando que:

> Divergirmos de tal entendimento, visto que a condição do segurado desempregado é de ausência total de renda, não se podendo retroagir no tempo para buscar a remuneração que o segurado tinha meses antes de ser recolhido à prisão. Neste sentido: TRF da 1ª Região, AP. MS n. 1999.36.00.00890-5/MT, Rel. Des. Federal Luiz Gonzaga Barbosa Moreira, julg. 14.5.2007. Registramos, no entanto, que a TNU fixou orientação no âmbito dos JEFs no sentido de que deve ser considerado o último salário de contribuição, aplicando literalmente o art. 116 do Decreto n. 3.048/99 (PEDILEF 20077059003764. *DOU* 19.12.2011).

O auxílio-reclusão somente é devido no caso de pena privativa de liberdade, ou seja, regime fechado e semi-aberto, mediante comprovação da condição de recluso por meio do atestado carcerário emitido pela unidade prisional competente.

O conjunto de beneficiário/dependente é o mesmo retratado no artigo 16 da Lei n. 8.213/91, obedecendo-se a ordem de preferência.

Como data de início do benefício, fixar-se-á a data da prisão, se o benefício for requerido em prazo inferior a 30 (trinta) dias, ou a partir do requerimento administrativo, se decorrido o prazo supracitado.

Constituem hipóteses de suspensão do benefício: fuga do recluso; se o segurado vier a receber auxílio-doença; se o dependente deixar de apresentar o atestado carcerário trimestralmente; se houver soltura do recluso ou progressão do regime para o aberto ou prisão em albergue.

Superadas as hipóteses acima apontadas, restando comprovado que o segurado retornou à prisão, para cumprimento da pena em regime fechado ou semi-aberto, deverá o benefício ser reativado a partir da data do evento, desde que mantida a qualidade de segurado.

Sobre os efeitos do recebimento do auxílio-reclusão no contrato de trabalho também diverge a doutrina.

Constitui, entretanto, entendimento sedimentado o de que a prisão do obreiro acarreta a suspensão do contrato de trabalho. Todavia, muito se discute sobre a conduta do empregador, se pode ou não demitir o obreiro por justa causa ou se deve manter o contrato de trabalho suspenso até o cumprimento total da pena.

Inicialmente, importante salientar que a demissão por justa causa não pode decorrer do abandono de emprego, haja vista inexistir o *animus*, ou seja, o dolo em abandonar o trabalho, nem tampouco que o encarceramento provisório pode acarretar a rescisão do contrato, haja vista a legislação exigir sentença condenatória com trânsito em julgado.

Portanto, a justa causa somente seria justificável se houvesse sentença condenatória com inviabilidade recursal.

Importante ressaltar que qualquer conduta tendente a violar a relação de emprego pode caracterizar ato discriminatório passível de indenização a ser cobrada pelo obreiro.

Seria, todavia, facultado ao empregador, diante da procedência da prisão do funcionário, rescindir o contrato de trabalho, sem justa causa, mediante pagamento das verbas rescisórias devidas.

Portanto, pode-se apontar três grandes reflexos do recebimento do auxílio-reclusão no contrato de trabalho: 1. Demissão por justa causa, após sentença condenatória transitada em julgado, nos termos do artigo 482, *d*, da CLT; 2. Demissão sem justa causa, mediante pagamento das verbas rescisórias devidas, ante a impossibilidade da contraprestação e, portanto, descumprimento da obrigação principal do contrato de trabalho – qual seja: prestação do serviço; 3. Suspensão do contrato de trabalho, durante o lapso de cumprimento da pena, permanecendo incólume o direito do trabalhador de retornar à sua função após cumprimento da pena imposta.

Com isso, enfatiza-se que a conduta do empregador melhor deve atender a natureza jurídica do contrato de trabalho, primando sempre pela garantia e continuidade do emprego e a proteção do trabalhador, parte hipossuficiente da relação de emprego, como corolário da dignidade humana.

Capítulo 9

CONCLUSÃO

Na trajetória evolutiva, o Direito Social é visto como mecanismo para se atingir o bem-estar e a justiça social.

No contexto histórico, as reivindicações em massa, decorrentes de protestos dos trabalhadores, objetivavam melhores condições de trabalho, as quais eclodiram após a Revolução Industrial, que trouxe grande avanço na produção gerando necessidade contínua de proteção social ante o acentuado acontecimento dos riscos sociais.

Todavia, foi com a Revolução Francesa que surge o ideal de igualdade, tão almejado pelo trabalhador, que passa a ter *status* de "cidadão" e voz representativa no contexto econômico-social.

A partir de então, surge a proteção aos denominados "riscos sociais", devidamente estabelecidos pela Carta Magna de 1988 como infortúnios que, se ocorridos, serão passíveis de proteção social.

Nesse diapasão, como espécie da seguridade social, ou também seguro social, haja vista que a finalidade é protetiva, a previdência social aparece como forte mecanismo de proteção social, revertida em forma de benefícios previdenciários ou prestações capazes de garantir a manutenção da sobrevivência do obreiro e, portanto, sua dignidade humana diante do risco social.

Não apenas a previdência social aparece como mecanismo de proteção, mas também a saúde, como direito universal e assegurado a todos, e a assistência social, como forma de proteção aos necessitados.

Embora os ramos do Direito sejam autônomos entre si, a interligação entre o Direito do Trabalho e o Direito Previdenciário decorre da finalidade social, pois apontam para a proteção ao trabalhador diante da ocorrência do risco social.

Enquanto o Direito Previdenciário protege os segurados obrigatórios e facultativos, bem como seus dependentes, o Direito do Trabalho visa a proteger o sujeito da relação de emprego – empregado e empregador.

Porém, caracterizada a relação de emprego, tanto empregado quanto empregador possuem obrigações principais e acessórias que decorrem do contrato de trabalho, assumindo responsabilidades bilaterais.

Sabendo-se que o princípio basilar na relação de emprego é a continuidade laborativa, presume-se que todos os contratos de trabalhos são por tempo indeterminado, porém à regra existem as exceções.

Assim, o recebimento de alguns benefícios previdenciários reflete no contrato de trabalho, podendo levar à suspensão, interrupção ou extinção do mesmo, como também à estabilidade, como forma de garantia do emprego.

Como demonstrado, o presente estudo teve por objetivo ressaltar a importância do direito previdenciário como mecanismo substitutivo da renda do obreiro que, quando acometido de infortúnios, receberá a proteção devida, mediante implicações diretas no contrato de trabalho.

Assim, os benefícios previdenciários refletem o ideal igualitário trazido pela Revolução Francesa, pois, juntamente com o Direito do Trabalho, visa a proteger o trabalho, primando pela dignidade humana e em defesa da justiça e do bem-estar social, corolários do sistema protetivo.

REFERÊNCIAS BIBLIOGRÁFICAS

ANDREUCCI, Ana Cláudia Pompeu Torezan. *Salário-maternidade à mãe adotiva no direito previdenciário brasileiro*. São Paulo: LTr, 2005.

_____. *Salário-família no direito previdenciário/ Wagner Balera, Ana Cláudia Pompeu Torezan Andreucci*. São Paulo: LTr, 2007.

BALERA, Wagner. *Sistema de seguridade social*. 4.ed. São Paulo: LTr, 2006.

CASTRO, Carlos Alberto Pereira de; LAZARRI, João Batista. *Manual de direito previdenciário*. 16. ed. Rio de Janeiro: Forense, 2014.

DELGADO, Mauricio Godinho. Curso do Direito do Trabalho. 6. ed. São Paulo: LTr 2007.

EDUARDO, Italo Romano; EDUARDO, Jeane Tavares Aragão; TEIXEIRA, Amauri Santos. *Direito Previdenciário: benefícios:* teoria e 300 questões. 2. ed. Rio de Janeiro: Impetus, 2003.

GARCIA, Gustavo Filipe Barbosa. *Curso de direito do trabalho*. São Paulo: Método, 2007.

GOUVEIA, Carlos Alberto Vieira de. *Benefício por incapacidade & perícia médica:* manual prático. Curitiba: Juruá, 2012.

IBRAHIM, Fábio Zambitte. *Curso de direito previdenciário*. 12. ed. Rio de Janeiro: Impetus, 2008.

_____. *Curso de direito previdenciário* 19. ed. Rio de Janeiro: Impetus, 2014.

JÚNIOR, Miguel Horvath. *Direito previdenciário*. 6. ed. São Paulo: Quartier Latin, 2006.

LADENTHIN, Adriane Bramante de Castro. *Aposentadoria por idade*. Curitiba: Juruá, 2009.

MARTINS, Sérgio Pinto. *Direito do trabalho* 26. ed. São Paulo: Atlas, 2010.

MUSSI, Cristiane Miziara. *Os efeitos jurídicos do recebimento dos benefícios previdenciário no contrato de trabalho*. São Paulo: LTR, 2008.

PULINO, Daniel. *A aposentadoria por invalidez no direito positivo brasileiro*. São Paulo: LTr, 2001.

ROMAR, Carla Tereza Martins. *Direito do trabalho esquematizado.* (Coleção esquematizados). São Paulo: Saraiva, 2013.

_____. *Direito do trabalho e direito processual do trabalho* (Coleção de concursos jurídicos; v. 9). São Paulo: Atlas, 2010.

SARAIVA, Renato. *Direito do trabalho:* versão universitária 2. ed. São Paulo: MÉDOTO, 2009.

SANTOS, Marisa Ferreira dos. *Direito previdenciário esquematizado* 2. ed. rev. e atual. São Paulo: Saraiva, 2012.

SILVA, José Antônio Ribeiro de Oliveira. *A saúde do trabalhador como um direito humano:* conteúdo essencial da dignidade humana. São Paulo: LTr, 2008.

SILVA, Roberta Soares da. *Direito social:* aposentadoria. São Paulo: LTr, 2009.

VIANNA, Claudia Salles Vilela. *A relação de emprego e os impactos decorrentes dos benefícios previdenciários.* 2. ed. São Paulo: LTr, 2010.

VIEIRA, Kelly Cristina. *Trabalhador rural* 1. Ed. Campo Grande: Contemplar, 2013.

Produção Gráfica e Editoração Eletrônica: PIETRA DIAGRAMAÇÃO
Projeto de capa: FÁBIO GIGLIO
Impressão: PIMENTA & CIA LTDA.